금리는 답을 알고 있다

당신의 자산 가치를 결정하는 금리의 모든 것

금리는 답을 알고 있다

김유성 지음

 경이로움

프롤
로그

금리는 투자 방향을 가리키는 '나침반'이다

저는 10년 넘게 경제지에서 기자 생활을 하고 있습니다. '경제유 캐스트'라는 경제 전문 팟캐스트 채널을 운영하면서 '팟캐김'이라는 이름으로 여러 투자 플랫폼에 금융과 IT 분야 위주로 기고도 하고 있죠.

10년 이상 경제 콘텐츠를 만들면서 한 가지 깊이 깨달은 게 있습니다. 금리가 우리 삶에서 매우 중요하다는 사실입니다. 실제로 금리 동향에 따라 정부, 가계, 기업 등 경제 주체들의 활동 방향이 바뀌고 경기 분위기도 달라졌습니다. '금리는 개인의 투자 방향을 알려주는 나침반'이라고 비유할 수 있을 정도입니다.

이는 코로나19 위기를 극복해가는 과정에서도 여실히 드러났습니다. 2020년 1분기에 등장한 '동학개미운동'을 기억하시나요? 경기 침체 우려로 주식 가격이 폭락하자 저가 매수 붐이 일어났습니다. '외국인이 떠난 자리를 우리가 메우자'라는 취지였지만, 그 이면에는 낮아진 금리가 있었죠. 한국은행이 경기 침체를 막기 위해 기준금리를 급하게 낮추자 시중은행 대출금리는 크게 떨어졌습니다. 손쉽게 돈을 빌려 투자할 수 있는 환경이 조성된 것입니다.

부동산 시장도 마찬가지입니다. 대출이 쉬워지고 유동 자금이 많아지면서 집을 구입하려는 수요가 급격히 늘어났고, 이는 부동산 가격 상승과 함께 또 다른 부동산 매수 수요로 이어졌습니다. 전 국민이 주식과 부동산으로 들떠 있던 때였죠.

문제는 '예상 가능한 부작용'에 있습니다. 금리를 낮추고 화폐량을 늘리면 재화 가격은 올라가기 마련입니다. 재화의 양이 크게 늘지 않은 상황에서 시중 화폐량이 증가한 이유가 큽니다. 다시 말해 물가가 상승하며 인플레이션 부작용이 커지게 되는 것이죠. 급속한 물가 상승은 경제와 일상에 큰 부담을 줍니다. 실질 소비 여력이 감소하면서 더 가난해지는 것이죠. 경제 정책을 장기적으로 이끌고 가야 하는 정부 입장에서는 달갑지 않은 상황입니다.

이에 대한 처방은 잘 알려져 있다시피 '금리 인상'이었습니다. "약 주고 병 준다"고 봐야 할까요? 금리를 파격적으로 내린 기관들이 이번에는 금리를 파격적으로 올렸습니다. 바로 미국 연방준비제도 Fed(이하 '연준')를 비롯한 각국 중앙은행들입니다. 그러나 불과 몇 개월도 안 돼서 주식 시장과 부동산 시장은 침체에 빠졌습니다.

부자나 자산가는 금리 변동에 따른 경기 흐름을 잘 파악합니다. 경기가 하강할 즈음에는 현금성 자산을 확보해 손실을 줄이고 미래 자산 획득을 위한 밑천을 확보합니다. 이를 통해 경기가 저점을 찍고 살아날 때는 값이 오를 만한 자산 매수에 들어가는 것이죠. 소위 말하는 경제 전문가도 큰 틀에서는 이 같은 방법으로 자산을 관리하고 불려나갑니다.

실제로 금리 인상에 대한 우려가 나오기 시작하던 2021년 중반에

부자들은 현금성 자산 확보에 나섰습니다. 일부는 달러 자산을 사들였죠. 금리 인상에 따른 시장 변화를 예측한 것입니다. 우리도 이렇듯 금리 흐름을 살피면서 투자 방향을 설정해 자산을 불려나갈 수 있습니다. 예컨대 금리 하락기에는 주식을, 금리 상승기에는 현금과 채권 자산에 관심을 갖는 것이죠. 이것이 곧 금리가 우리의 투자 방향을 알려주는 나침반인 이유입니다.

이 책을 통해 금리라는 나침반을 단단히 갖추고 경제를 살펴보며 투자 생활을 오래 이어갈 수 있기를 바랍니다.

김유성

차례

1장   금리의 개념

4장 금리와 경기

5장 금리와 환율

금리의 개념

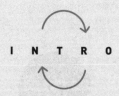

금리는 돈의 가치를 수치로 표기한 것입니다. 자세히 말하자면 '돈이 갖고 있는 시간의 가치'라고 정의할 수 있습니다. 만기가 긴 장기대출의 금리가 높은 이유가 여기에 있죠. 덧붙여서 빌리는 사람의 신용도, 담보물 유무 등도 영향을 미칩니다. 즉 신용이 높고 담보가 있을수록 대출금리는 내려갑니다.

또한 금리는 예금, 채권 등 금융상품의 가격을 결정합니다. 금리의 높고 낮음에 따라 금융상품의 매력도가 결정되죠. 예금과 채권의 금리가 낮다면 당연히 그보다 비교적 위험한 주식이나 펀드 등 '위험자산'에 대한 선호도가 높아집니다. 다시 말해 금리로 인해 경제 전반에 걸쳐 돈의 흐름이 달라질 수 있죠.

금리는 국가 정부와 기업의 재무 관리, 특히 자금 조달에 영향을 미칩니다. 정부와 기업이 확보할 수 있는 돈이 부족해지면 그만큼 우리의 경제 활동도 위축됩니다. 개인 소득도 하락하게 되죠. 따라서 금리의 개념을 올바르게 이해하고 활용할 필요가 있습니다. 개인의 재무 관리부터 경제 전반에 이르기까지 금리는 매우 중요한 역할을 하기 때문입니다.

금리를 결정하는 3요소: 신용도, 만기, 담보

금리는 돈을 뜻하는 '금(金)'에 이익을 뜻하는 '리(利)'를 합쳐서 만든 단어입니다. 실생활에서 흔히 접할 수 있는 '이자'가 가장 쉬운 금리의 형태죠.

금리는 보통 1년을 단위로 해서 연리(年利)로 사용합니다. 다시 말해 1년(12개월)을 기준으로 기대할 수 있는 예상 이자를 표기하는 것이죠. 6개월이나 1개월짜리 채권 금리도 연리로 계산해서 표기하곤 합니다. 야구에서 1~2이닝만 던지고 내려가는 중간계투 투수의 방어율을 9회 기준으로 계산한다는 점을 떠올리면 쉽게 이해할 수 있을 겁니다.

금리를
결정하는 과정

빌리거나 빌려준 돈에 붙는 금리는 신용도와 만기에 따라 결정됩니다.

신용도는 '돈을 얼마나 잘 갚을 수 있는가'에 대한 믿음의 정도를 나타냅니다. 옛날에는 이러한 믿음의 정도를 주관적으로 판단했습니다. 현대에 이르러 개인은 물론 기업과 국가의 신용도도 평가하게 되자 객관적인 지표가 등장했습니다. 개인이라면 신용점수(과거에는 신용등급), 국가와 기업이라면 신용등급이 매겨졌죠. 이러한 점수와 등급은 '과거에 돈을 잘 갚았는지, 앞으로 돈을 잘 갚을지'에 대한 확

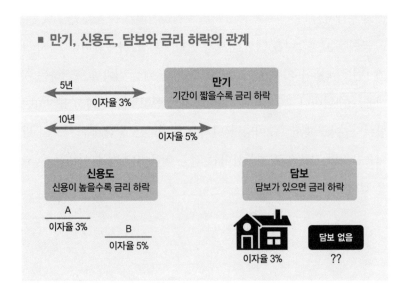

■ 만기, 신용도, 담보와 금리 하락의 관계

5년
이자율 3%

만기
기간이 짧을수록 금리 하락

10년
이자율 5%

신용도
신용이 높을수록 금리 하락

A
이자율 3%
B
이자율 5%

담보
담보가 있으면 금리 하락

이자율 3%

담보 없음
??

률에 따라 정해집니다.

만기, 즉 상환까지 걸리는 시간도 금리의 주요 변수 중 하나입니다. '빌려주는 기간'이 길어질수록 '돈을 떼일 가능성' 또한 높아진다는 점에 주목하면 됩니다. 예컨대 동일한 신용도의 차주(돈을 빌리는 사람)라면, 10년 만기 주택담보대출 금리보다 20년 만기 주택담보대출 금리가 더 높습니다. 돈이 오래 묶여 있는 만큼 그에 따른 '기회비용과 대출금을 잃을 위험'이 금리에 적용되기 때문이죠.

신용도 및 만기와 함께 금리에 결정적인 영향을 끼치는 또 다른 변수는 바로 담보입니다. 담보는 신용도의 한계를 뛰어넘을 수 있어, 신용점수가 낮더라도 담보로 잡을 재산이 있다면 금리가 낮아집니다. 만약 차주가 대출을 갚지 못하게 되더라도, 그 담보를 팔아서 해결할 수 있기 때문이죠. 이것이 주택담보대출의 기간이 10년 또는 20년임에도 신용대출보다 금리가 낮은 이유입니다.

금리의
기준과 종류

앞서 언급한 금리는 '개인과 은행' 간의 이자율을 뜻합니다. 다시 말해 실생활에서 흔히 접할 수 있는 금리로 쉽게 풀어낸 것입니다. 이런 금리를 '대출금리'라고 합니다. 개인이 은행, 저축은행, 여신전문금융사, 증권사, 새마을금고 등에서 대출받을 때 적용되는 금리죠.

다만 대출이란 단어를 지칭하는 '업계 용어'와 '일반 용어'가 다릅니다. 은행과 같은 금융 기관에서는 '여신(與信)'이라고 합니다. 해석하자면 '신용을 준다'라는 뜻이죠. 은행원이 여신이란 말을 꺼낸다면, 당장 대출을 생각하면 됩니다. 여기에 붙는 금리가 '여신금리'입니다.

한편 은행에서는 예금을 '수신(受信)'이라는 단어로 표기하고 있습니다. 은행에 '들어온(受)' 자금에 대한 금리라는 뜻입니다. 예금금리는 당연히 '수신금리'가 되죠. 수신은 이처럼 은행이 예금자들에게서 받은 돈을 비롯해 채권(은행채) 발행으로 빌린 돈 등도 포괄합니다. '남의 돈'을 들여왔기에 은행 입장에서는 '언젠가 갚아야 할 빚'인 것이죠.

또한 금리는 정책금리와 시장금리로 나눌 수 있습니다. 정책금리는 정부나 중앙은행 등에서 정책적으로 결정하는 금리로, 대표적인 것이 바로 기준금리입니다.

기준금리는 중앙은행이 제시하는 '초단기 금리의 목표치'라고 할 수 있습니다. 사실상 금융사가 자금을 조달하는 원가 개념에 가깝기에 기준금리는 시장금리에 큰 영향을 미칩니다. 기준금리가 오르면 개인의 대출금리도 상승하는 식입니다.

정책금리와 달리 시장금리는 금융 시장의 공급과 수요에 따라 결정되는 금리를 일컫습니다. 대표적인 시장금리로는 채권금리, CD(양도성예금증서) 금리, CP(기업어음, commercial paper) 금리 등이 있

▪ 금리의 분류 기준 및 종류

기관과 개인 간 거래에 따른 분류	**여신금리:** 은행에서 개인에게 돈을 빌려줄 때 받는 금리 **수신금리:** 은행에서 자금을 조달할 때 지급하는 금리 **우대금리 및 가산금리:** 개인·기업의 신용도에 따라 변동되는 금리
정책금리와 시장금리	**정책금리:** 기준금리 **시장금리:** 채권금리, CD금리, CP금리 등
기관과 기관 간 거래에 따른 분류	**콜금리:** 금융사끼리 단기 자금 거래할 때 쓰는 단기 금리 **CD금리:** 은행이 자금 조달을 위해 발행하는 증서의 금리 **CP금리:** 기업어음
금리 변동성에 따른 분류	**고정금리:** 만기까지 이자율 변동이 없는 방식 **변동금리:** 시중금리와 연동해 이자율이 변하는 방식
만기에 따른 분류	**단기 금리:** 상환 기간이 1년 이내인 상품의 금리 **장기 금리:** 상환 기간이 1년 이상이며, 보통 채권이 해당됨

습니다. 채권금리는 채권 시장에서 형성되는 금리로, 국가 정부나 지방자치단체에서 발행한 채권부터 기업이나 금융사가 발행한 채권 등 다양합니다.

금융사끼리 돈을 주고받을 때 발생하는 금리도 있습니다. 바로 '콜금리call rate'입니다. 만기는 1~7일 정도이며, 연리로 계산되고 기준금리와 비슷한 수준에서 결정됩니다. 다시 말해 돈을 빌린 금융사가 빌려준 금융사에 소액의 이자를 붙여 돈을 갚는 방식입니다.

금융사끼리 주고받는 또 다른 금리로는 RP(환매조건부채권) 금리도 있습니다. 이 금리는 금융사끼리 급전을 주고받거나 자금을 잠시 융통할 때 발생합니다. RP는 repurchase(되사다)의 약어로, 흔히 '레포 repo'라고 부릅니다. '환매=되판다'를 조건으로 발생되는 채권 금리라고 해석할 수 있죠.

정부는 콜금리와 RP금리의 추이를 예의 주시합니다. 시장에 자금이 부족해지는 '자금 경색' 상태가 되면 금리가 치솟기 때문이죠. 이렇게 되면 일반 금융 소비자가 대출을 받지 못하거나 더 높은 금리를 부담해야 합니다. 또한 자금이 필요한 기업이 큰 어려움에 봉착하거나, 심하면 멀쩡한 기업도 소액 단기 대출을 갚지 못해 부도에 이를 수 있습니다.

같은 듯 다른
장기 금리와 단기 금리

금리는 대출이나 예금의 이자율을 뜻하는 동시에 돈의 흐름을 나타내는 지표가 됩니다. 특히 금리 중에서 채권금리를 통해 돈이 어디로 모이고 흘러가는지 살펴볼 수 있습니다.

채권 시장은 금융사를 비롯해 펀드와 기관투자자, 그리고 경제에 밝은 전문 투자자들이 참여하고 있습니다. 거래액수도 대규모인 만큼 시장 참여자의 선택에 따라 돈의 흐름이 거대하게 변하는 기폭제가 되기도 합니다.

이 중 몇 가지를 소개하자면 장기채권 금리와 단기채권 금리입니다. 장기채권(장기채)은 만기가 보통 5년 이상인 채권으로, 이에 대한 금리를 장기채 금리 또는 장기 금리라고 합니다. 정부가 발행하는 국채(국고채권), 공공기관이나 지방정부가 발행하는 채권, 대기업이 발행한 회사채 등이 해당되죠.

■ 장기채, 중기채, 단기채 비교

	만기	종류
장기채	5년 이상	국민주택채권 2종, 국고채권이나 공사채의 일부 등
중기채	1년 초과~5년 미만	대부분 회사채 및 금융채, 특수채, 국민주택채권 1종 등
단기채	1년 이하	통화안정화증권, 금융채 일부 포함

출처: 본드웹(bondweb.edaily.co.kr)

단기채권 금리는 (한국 기준) 만기가 1년 이내인 채권을 뜻하며, 이에 대한 금리를 단기채 금리 또는 단기 금리라고 합니다. 단기채 시장에도 국채와 회사채 등 다양한 채권이 발행되어 유통되고 있습니다. 주로 금융사들의 단기 급전 수요가 금리에 반영됩니다. 금융 시장에서 자금을 구하기 어려워지면 단기채 시장의 금리가 바로 치솟죠.

장기 금리와 단기 금리는 채권 발행자의 신용도, 시장 경기, 정부 기관의 금리 정책 등에 따라 영향을 받습니다. 일반 투자자도 이러한 금리 동향을 민감하게 살펴볼 필요가 있습니다.

2022년 인플레이션을 홀로 예견한 장기 금리

코로나19 팬데믹으로 전 세계 국가들의 시름이 깊었던 2021년

1월 국내 경제 신문에서 외신 기사 하나를 비중 있게 다뤘습니다. 바로 미국 장기채 금리가 상승하고 있다는 소식이었죠. 당시에는 각국 중앙은행들이 기준금리를 0%대로 유지하고, 연준도 금리 인상 가능성에 거리를 두고 있었습니다. 오히려 '아직 돈을 더 풀어서 경기를 살려야 한다'는 주장이 설득력이 높았죠.

이런 의견과 달리 장기채 시장에서 금리가 상승하자 '인플레이션에 대한 우려가 반영되었다'는 분석이 나왔습니다. 물가 상승이 예상되면서 머지않아 연준도 기준금리를 올릴 것이라는 주장이었죠.

■ **미 국채 20년물 금리 추이**

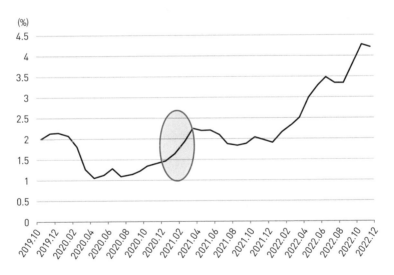

출처: FRED(세인트루이스 연방준비은행 제공 경제통계 사이트, fred.stlouisfed.org)

▶ 동그라미로 표시한 구간은 저금리 상황에도 금리가 올랐다.

물가가 오르는 인플레이션과 장기 금리 사이에는 어떤 관계가 있을까요? 물가 상승은 그만큼 돈의 가치가 떨어진다는 뜻입니다. 20년 전과 비교해 1만 원으로 구매 가능한 물건 개수가 적다는 점에서 이를 체감할 수 있습니다.

따라서 장기채 투자자들은 인플레이션에 따라 10년 또는 20년 후에 하락할 원금 가치를 상쇄할 만한 금리를 요구합니다. 이자라도 좀 더 챙겨달라는 것이죠. 독일이나 일본 국채가 국채 투자자 사이에서 인기를 끄는 이유도 여기에 있습니다. 두 나라의 물가상승률이 낮다 보니 금리가 낮아도 투자자들이 채권을 사는 것이죠.

시장에서 유통되는 장기채의 인기가 떨어진 이유도 큽니다. 중앙은행이 (인플레이션 억제를 위해) 금리를 올리면 기존 채권의 매력은 떨어집니다. 금리 인상 후에 발행될 채권의 금리가 더 올라가기 때문입니다.

그즈음 정부가 빚을 잔뜩 늘려놓은 것도 장기 금리 상승에 한몫했습니다. 정부는 코로나19로 인한 경기 침체를 막기 위해 거둬들인 세금수입보다 더 많은 돈을 써야 했습니다. 고스란히 정부 빚으로 이어지며 국채 발행이 증가했죠. 국채를 사는 투자자 수는 그대로지만 국채 발행량이 증가한다면 금리는 오를 수 있습니다. 웃돈처럼 금리를 더 얹어줘야 투자자의 관심을 끌 수 있기 때문입니다.

알다시피 인플레이션 우려는 결국 현실이 되었고, 2021년 후반부터 각국 중앙은행들은 금리를 인상했습니다. 연준은 2022년 3월에 금리를 올렸다가, 이후 인플레이션이 심각해지자 더욱 급박하게 금

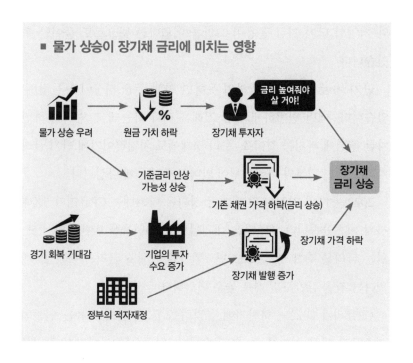

■ 물가 상승이 장기채 금리에 미치는 영향

물가 상승 우려 → 원금 가치 하락 % → 장기채 투자자 「금리 높여줘야 살 거야!」

기준금리 인상 가능성 상승 → 기존 채권 가격 하락(금리 상승) → 장기채 금리 상승

경기 회복 기대감 → 기업의 투자 수요 증가 → 장기채 발행 증가 → 장기채 가격 하락

정부의 적자재정

리 인상을 단행했습니다. 인플레이션을 우려한 장기채 투자자들의 예상이 맞아떨어진 것이죠.

자금 시장 속 경고등, 단기 금리

단기 금리는 현재 자금 시장을 반영하는 경향이 있습니다. 만기가 짧기 때문에 금리도 종종 '튄다' 싶을 정도로 치솟곤 하죠. 금융사

와 기업의 단기 자금 운용이 그만큼 어렵다는 뜻으로도 풀이할 수 있습니다.

단기 자금 융통이 원활하지 못하면 전체 금융 시장이 흔들릴 수 있습니다. 매번 빈번하게 자금 거래를 해야 하는데, 그렇지 못하면 자금 경색에 빠지는 것이죠. 우리 경제에도 치명적이기에 단기 금리가 치솟으면 정부와 한국은행이 발빠르게 대응에 나섭니다.

2022년 11월 기업의 단기 자금 상황을 나타내는 CP금리가 5%대까지 치솟았습니다. SK 같은 대기업도 CP 3년물을 발행하면서 5% 넘는 금리를 줘야 했죠. 2022년 1월까지만 해도 금리가 불과 1%대였다는 점을 감안하면 매우 높은 편입니다.

CP금리가 2022년 하반기에 급격히 오른 첫 번째 이유는 연준의 기준금리 인상 여파를 들 수 있습니다. 한국은행도 따라서 금리를 올리다 보니 시장금리 수준이 전체적으로 상승했습니다. 두 번째로 주식 시장 부진을 들 수 있습니다. 금리가 오른 상황에서 주식 시장까지 부진해지자, 주식 발행을 통한 자금 마련이 어려워졌습니다. 그래서 많은 투자자가 그나마 손쉬운 CP 시장으로 몰려들었습니다. 그렇게 CP 발행량이 늘면서 CP금리도 상승했습니다.

2022년에는 RP금리도 크게 올랐습니다. 앞서 설명했듯 RP는 금융사가 단기 급전을 융통할 때 쓰는 대표적인 자산으로, RP금리 상승은 그만큼 금융사가 자금을 구할 때 써야 하는 비용이 늘어난다는 것을 의미합니다. 다시 말해 금융사의 자금 수급이 어렵다는 것이죠.

■ **CP금리 변동 추이(만기 91일물 기준)**

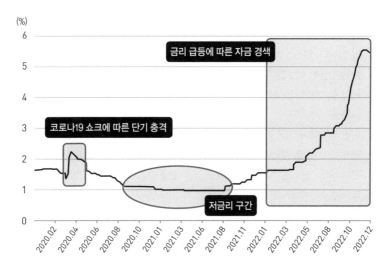

출처: 금융투자협회 채권정보센터(www.kofiabond.or.kr)

▶ 코로나19 등 외부 충격이 있거나 기준금리가 크게 인상되면 CP금리는 급격히 오른다.

　RP금리는 2021년 말에 급등해서 2022년 1월 4% 이상을 기록했습니다. 2022년 말에는 5%대까지 치솟았죠. 시장금리가 올라간 상태에서 시장에 대한 불안심리가 커졌기 때문입니다. 그나마 한국은행이 RP를 긴급 매입하면서 RP금리가 진정되었습니다. 하지만 한국은행을 비롯한 정부 금융당국은 RP금리 급등으로 위기가 초래될까 불안해하는 모습이 역력했죠.

장기채는 우량채일 가능성이 높다

장기채와 단기채와 관련해 하나 덧붙이자면, 장기채는 높은 신용도가 보장되어야 합니다. 빌리는 기간이 늘어나면 빌린 돈을 떼이거나 채권 가격이 폭락할 가능성이 높기 때문입니다. 즉 단기채보다 비교적 더 위험하다고 볼 수 있죠. 따라서 장기채에서는 채권 발행자의 신용도가 20~30년이 지나도 끄덕없어야 합니다.

이런 맥락에서 미국 재무부가 발행한 채권이 전 세계적으로 인기가 높습니다. 세계 최대 경제 강국인 만큼 부도 가능성이 낮다고 여겨지고, 혹시 돈을 갚지 못하더라도 달러를 찍으면 되니까요. 물론 빚을 갚기 위해 통화를 발행하고 유통하는 것은 어리석은 일이지만, 최악일 때 이렇게까지 할 수 있다는 뜻입니다. 달러 발행국이 아닌 독일이나 일본 정부의 장기채도 환영받는 투자 자산입니다. 앞서 말했듯이 물가상승률이 비교적 낮고, 국제적으로 통용되는 통화(유로화, 엔화)를 쓰고 있기 때문입니다. 다시 말해 인플레이션에 따른 원금 가치 하락 속도가 느린 편이라 망할 위험이 적죠. 따라서 장기채 발행에 매우 유리한 조건이라고 할 수 있습니다.

기준금리는
전체 금리의 출발점이다

　인플레이션은 중앙은행의 금리 인상을 불러옵니다. 미국 연준을 비롯한 선진국 중앙은행들은 인플레이션이 닥치면 처방전처럼 기준금리 인상 카드를 꺼내 듭니다. 중앙은행마다 설정한 기준선을 넘었을 때만 해당되죠. 2020년 제로 수준(0~0.25%)의 금리를 유지하던 중앙은행들이 2022년 일제히 기준금리를 올렸던 것도 인플레이션 때문이었습니다.

　다만 물가 상승이 금리 인상을 무조건 불러온다고 보긴 힘듭니다. 물가 외에도 실업률과 같은 고용지표, 환율 등 참고할 게 많기 때문이죠. 물가가 어느 정도 선만 지켜준다면, 실업률 등이 기준금리 결정에 더욱 영향력 높은 지표로 작용합니다. 특히 한국은행은 기준금리를 결정할 때 환율 동향, 경기 상황, 연준의 정책 변화에 더 민감하게 반응합니다.

기준금리는
정책적으로 결정된다

기준금리가 중요한 이유는 대출 등 시장금리의 출발점이 되기 때문입니다. 다시 말해 중앙은행이 시중은행 등 금융사에 화폐를 공급하면서 받는 원가와 같습니다. 중앙은행이 금리를 얼마나 받는가에 따라 금융사가 개인에게 요구하는 대출 이자가 달라지죠.

국내 기준금리는 한국은행 금융통화위원회에서 결정합니다. 금융통화위원회는 연준 산하의 위원회로서 미국의 주요 금융·통화 정책과 금리 등을 결정하는 연방공개시장위원회FOMC와 비슷한 역할을 합니다. 한국은행의 총재와 부총재, 기획재정부장관이 추천하는 위원 1명, 한국은행 총재가 추천하는 위원 1명, 대한상공회의소 회장이 추천하는 1명, 전국은행연합회 회장이 추천하는 위원 1명 등 7명의 위원으로 구성되어 있고 구성원 모두 상임이죠. 대통령은 이들 기관의 추천을 받아 금융통화위원회 위원을 임명하며, 위원의 임기는 4년입니다.

금융통화위원회 회의는 1년에 여덟 차례 개최됩니다. 주요 안건 중 하나는 금리 결정으로, 위원들의 다수결에 따라 이뤄집니다. 「한국은행법」에 따라 물가 안정에 우선순위를 두고 기준금리를 결정하고 있죠. 한국은행은 1998년부터 통화정책 제도에 따라 수치화된 물가상승률을 목표로 채택하고 있습니다.[1] 다시 말해 특정 물가를 목표로 통화정책을 운영한다는 뜻입니다. 이를 위해 물가안정목표제를 도입해 물가상승률이 연 2%에 부합하도록 기준금리를 조정하거나 시중은행의 지급준비율을 정합니다.

앞서 기준금리를 '시장금리의 원가'라고 설명했는데, 한국은행에 따르면 기준금리는 "한국은행이 금융기관과 환매조건부증권RP 매매, 자금조정 예금 및 대출 등의 거래를 할 때 기준이 되는 정책금리"[2]로 정의됩니다. 어떻게 정의하든 기준금리가 예금과 대출 등의 거래에 있어 기준이 되는 중요한 금리임은 틀림없죠.

기준금리가 1차 목표로 삼는 금리는 콜금리입니다. 2008년 이전까지 금융통화위원회에서 기준금리가 결정되면 한국은행은 이에 따라 콜금리 시장에 직접 개입했습니다. 2008년 이후에는 RP 7일물에

■ **콜금리와 기준금리 추이**

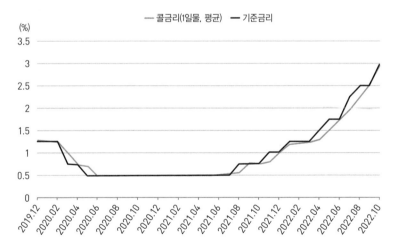

출처: 한국은행 경제통계시스템

대한 입찰 공고를 기준금리로 내는 방식으로 진행되고 있습니다. 어떤 수단이 되었든 콜 시장의 초단기 금리는 한국은행이 설정한 수준을 벗어나지 못합니다. 앞선 그래프처럼 콜금리 1일물과 기준금리가 별 차이 없이 움직이는 것을 보면 알 수 있죠.

물론 기준금리가 시장금리를 주무르는 요술방망이는 아닙니다. 기준금리를 내려도 은행 등 금융사에서 돈을 풀지 않으면 금리는 더 오를 수 있죠. 추가로 중앙은행에서 채권을 매입하는 등 시장에 현금을 풀어주는 방법을 병행해야 시장금리 하락 효과가 나타날 수 있습니다.

기준금리
결정 공식

기준금리의 금리 결정 메커니즘에 대한 연구는 국내외에서 활발한 편입니다. 이를 설명하는 공식도 있는데 대표적인 게 '테일러 준칙'입니다. 테일러 준칙은 이론적으로 물가와 경기를 균형 있게 고려해 적정 기준금리를 도출해야 한다는 것을 의미합니다.

적정 기준금리=균형 실질이자율+물가상승률+0.5×(인플레이션 격차)+0.5×
(국내총생산 격차)

- **균형 실질이자율:** 대출(또는 채권) 수요와 공급이 일치할 때 나타나는 이자율로, 안정적인 인플레이션에서는 완전고용 수준에 가까워집니다. 즉 통화정책이나 인플레이션 등의 영향이 없을 때 나타나는 이자율이며, 자본 생산성, 저축 및 투자 수준, 인구 구조 등의 근본적 경제 요인에 따라 결정됩니다. 저축 수준과 투자 수요가 높다면 균형 실질이자율은 낮아지고, 반대로 저축 수준이 낮고 투자 기회도 적다면 균형 실질이자율은 높아집니다.
- **인플레이션 격차:** 실제 인플레이션과 중앙은행이 설정한 목표 인플레이션의 격차를 뜻합니다. 만약 중앙은행의 목표 인플레이션율이 2%이고 실제 인플레이션율이 3%라면, 인플레이션 격차는 1%가 됩니다.
- **국내총생산 격차:** 실제 GDP와 잠재적 GDP의 격차(잠재 GDP − 실재 GDP)를 말합니다. 예를 들어 특정 국가가 GDP를 10조 달러까지 늘릴 수 있지만 경기 침체 등으로 실제 GDP가 9조 9,000억 달러라면 GDP 격차는 1,000억 달러가 됩니다. 이 격차가 양수(실제 GDP < 잠재 GDP)라면 미사용 중인 경제 자원이 있다고 간주하고 정부와 중앙은행은 경제 성장을 촉진하는 재정 및 통화정책을 실시합니다. 반대로 GDP 격차가 음수(실제 GDP > 잠재 GDP)라면 정부와 중앙은행은 경기 과열을 막는 긴축 정책을 실시합니다.

복잡한 설명을 걷어내고 정리하자면 '목표로 삼은 이자율에 맞춰 현재 물가상승률과 경제성장률을 고려해 기준금리를 결정'한다고 볼 수 있습니다. 예를 들어 목표 물가상승률이 2%이고 실제 GDP 성장률과 잠재 GDP 성장률이 일치한다면, 이 공식에 따라 적정 기준금리는 4%가 됩니다.

2022년 6월 연준은 통화정책보고서를 내놓으며 테일러 준칙에 따라 당시 기준금리를 연 7%로 제시했습니다. 물가상승률이 오른 만큼 인플레이션 격차가 커지면서 금리도 상승한 것입니다. 이를 통해 연준이 2022년 하반기에 기준금리를 연거푸 급박하게 올린 이유를 어느 정도 납득할 수 있습니다.

누가 봐도 복잡해 보이는 이 공식은 (경제학자가 보기에는) 단순하고 직관적이라는 평가를 받고 있습니다. 물가상승률에 기준을 맞추면서 기준금리도 손쉽게 예측할 수 있기 때문이죠. 연방공개시장위원회 의사록에 따르면 최근까지도 연준에서도 테일러 준칙을 많이 참고했습니다.

그럼에도 수식 자체가 모호하다는 비판을 받고 있습니다. 현실에 존재하는 변수를 모두 담지 못한다는 것이죠. 물가상승률은 종류가 여러 가지이며, 물가상승률 자리에 '소비자물가상승률', '근원물가상승률', 'GDP디플레이터(국내에서 생산된 모든 재화의 가격 상승 폭을 조사한 지표)' 등 무엇을 넣는가에 따라 도출되는 값이 달라집니다. 더욱이 물가와 성장률 말고도 환율, 실업률 등 고려해야 할 요소가 많은데, 테일러 준칙에는 이것들이 빠져 있습니다. 이 때문에 이를 보완한 준칙이 여럿 등장했죠. 따라서 테일러 준칙은 절대적인 지침보다는 참고자료나 사후적 평가라는 의미가 더 큽니다.[3]

기준금리는 종합적
기준으로 결정된다

　많은 국가의 중앙은행은 기준금리를 결정할 때 물가를 비롯해 미래 경기와 물가 예측까지 함께 고려합니다. 연준 또한 최대한의 고용, 물가 안정, 적정한 장기 이자율 등을 통화정책 목표로 삼고 있죠.

　이런 이유로 연준은 2021년 이미 인플레이션에 대한 경고가 나왔지만 기준금리 인상에 신중했습니다. 미국 국내 실업률이 2021년까지 6% 선을 유지하고 있었기 때문이죠. 2022년에 들어서 실업률이 4%대에 안착하고 나서야 연준은 기준금리를 과감하게 올리며 인플레이션 진화에 나섰습니다. 다시 말해 연준은 물가와 함께 고용 등 경기 지표에 매우 민감하게 반응하며 기준금리를 조정한다고 볼 수 있습니다.

　한국은행도 경기 변동에 민감하게 반응해 기준금리를 산정하고 있습니다. 대체로 경기가 호황이라고 판단되면 기준금리를 인상하고, 반대로 불황이라고 판단되면 기준금리를 인하하는 편입니다. 금리를 올린다는 것은 '경기를 식힌다'라는 의미이고, 금리를 내린다는 것은 '경기를 부양한다'라는 뜻이 됩니다.

한국은행은 기준금리
인상 예고를 한다

한국은행은 금리 등 정책 변화에 앞서 시장에 예고를 합니다. 시장이 받을 충격을 줄이기 위해서죠. 이때가 되면 한국은행 총재나 금융통화위원회 위원들이 언론과 자주 인터뷰를 합니다. 기자와의 문답을 통해 자신이 금리 정책을 어떻게 바꿀지 간접적으로 밝히는

■ CD금리(91물)와 기준금리 비교

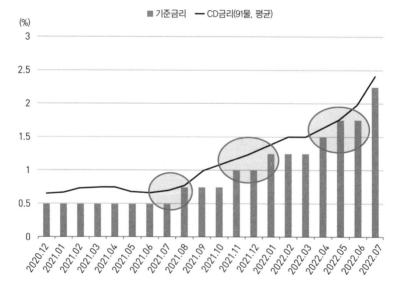

출처: 한국은행 경제통계시스템

▶ 동그라미로 표시한 구간에서 알 수 있듯 CD금리는 기준금리 대비 선행적으로 올라가 기준금리의 인상을 기다리는 모습을 보인다.

것이죠.

실제로 금융통화위원회가 기준금리 인상을 결정한 2021년 8월에 앞서, 그해 5월부터 시장금리가 오르기 시작했습니다. 따라서 한국은행이 기준금리를 인상하기로 결정했을 때는 그 예상분이 시장금리에 이미 반영되어 시장 충격은 거의 없었습니다.

꽤 유용한 한국은행 홈페이지

매우 중요한 금리인 만큼, 여러 사이트에서 기준금리에 관한 정보를 제공하고 있습니다. 물론 한국은행도 홈페이지를 통해 기준금리 현황을 게시하고 있습니다. 2008년 이후 추이도 살펴볼 수 있게 했죠.

한국은행 홈페이지는 기준금리 외에 우리나라 경제와 관련된 다양한 지표와 자료를 싣고 있으며, 여러 경제 정보와 세계 경기 등을 폭넓게 제공합니다. 경기 전망 자료가 수시로 올라오고 국가별 한국은행 사무소에서 정기적으로 보고서를 올리기도 하죠. 즉 우리나라 최고의 경제·금융 엘리트가 만든 콘텐츠인 만큼 수준 높은 정보가 많습니다. 저 또한 이 책을 집필하면서 한국은행 홈페이지를 거의 매일 들여다보고 있습니다. 이곳을 많이 방문할수록 여러분의 경제 지식도 풍부해지리라 확신합니다.

시장금리에 대한
서로 다른 시각

앞서 설명한 대로 시장금리는 수요와 공급의 법칙에 따라 결정되는 금리입니다. 시장에서 돈을 빌리려는 사람(차주)과 빌려주려는 사람(대주)의 상황에 따라 가격이 결정되는 것이죠. 개인에게는 대출, 기업과 정부에게는 채권 등에 시장금리가 가격처럼 붙어 거래됩니다.

빌려주려는 사람(공급)이 많아 현금이 넘친다면 시장금리는 하락하고, 빌리려는 사람(수요)이 더 많다면 시장금리는 올라갑니다. 여기에 중앙은행의 기준금리, 경기 상황, 인플레이션 등도 시장금리에 영향을 끼칩니다. 기준금리가 오르면 시장금리가 전체적으로 올라가는 것처럼 말이죠.

때로는 시장금리가 언급한 요소보다 선행적으로 움직일 때도 있습니다. 예컨대 한국은행이 기준금리를 올릴 것으로 예상되자 시장금리가 미리 올라가는 식입니다. 한국은행이 기준금리를 0.5%에서 0.75%로 올렸던 2021년 8월이 그 예입니다. 덕분에 기준금리 인상으로 받게 되는 시장 충격이 완화되었습니다.

이런 시장금리는 보는 이의 관점에 따라 다르게 적용될 수 있습니다. 뉴스에서 소개하는 시장금리, 금융사가 바라보는 시장금리, 개인이 체감하는 시장금리가 서로 다른 것이죠. 여기서는 이를 각각 나눠 시장금리를 설명해보겠습니다.

뉴스에서 소개하는 시장금리

경제지나 뉴스 또는 경제분석가들이 이야기하는 시장금리는 채권 시장에서 거래되는 수익률을 뜻할 때가 많습니다. 한국개발연구원KDI 경제정보센터 웹사이트 내 '시장금리 알아보기'에 따르면 시장금리의 대표 주자는 3년 만기 국고채(국채) 금리입니다.

국채 3년물은 장기물로 통하는 국채 5년물보다 만기가 짧지만 1년물보다는 만기가 깁니다. 즉 장기채와 단기채의 성격이 어느 정도 섞여 있고, 부도 위험이 낮은 국채라는 점에서 일종의 시장금리 지표 역할을 하죠.

이러한 금리를 살펴보기에 앞서 채권의 '원금'과 '이자'를 알아볼 필요가 있습니다. 이 둘은 채권 발행 당시 정해져 있고, 일반적으로는 만기일까지 변하지 않습니다. 다만 시장에 팔려 나와 거래되는 '가격'과 '수익률'은 변화무쌍하게 움직입니다. 즉 채권을 발행일부터 만기일까지 보유한다면 원금이 곧 가격이 되고 이자가 곧 수익률이 지만, 채권 보유자가 시장에 파는 순간부터 별개로 움직인다는 뜻입니다.

한국 정부가 원금 100만 원에 이자율이 연리 5%인 3년물 국채를 발행했다고 가정해봅시다. 원금 100만 원은 '표면액수(원금)', 즉 3년 후 받게 될 고정 원금이 됩니다. 연리 5%도 '표면금리'로 만기까지 변하지 않죠. 3년간 매해 5만 원을 고정으로 받는다는 말입니다.

만약 이 채권을 1년 만에 판다고 칩시다. 한국 정부의 신용도 가 높아졌고 금리도 상대적으로 높아 투자자 사이에 경쟁이 붙어

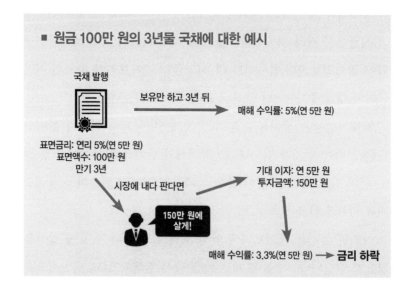

■ 원금 100만 원의 3년물 국채에 대한 예시

국채 발행

보유만 하고 3년 뒤 ⟶ 매해 수익률: 5%(연 5만 원)

표면금리: 연리 5%(연 5만 원)
표면액수: 100만 원
만기 3년

시장에 내다 판다면

150만 원에 살게!

기대 이자: 연 5만 원
투자금액: 150만 원

매해 수익률: 3.3%(연 5만 원) ⟶ 금리 하락

150만 원을 주고서라도 사겠다는 사람이 나타났다고 해보죠. 거래가 성사되면 이 채권의 가격은 150만 원이 되고, 이 상태에서 매해 5만 원을 받는다면 수익률은 3.3%가 됩니다. 한국 정부가 발행한 다른 3년물 국채의 금리도 3.3% 선에 맞춰지고, 결과적으로 시장금리가 떨어지게 되죠.

반대로 한국 경제에 대한 불안감이 커져 우리 국채를 사겠다는 수요가 줄어 가격이 떨어지면 금리는 상승하게 됩니다.

이러한 금리 변동은 경기 상황, 환율과 연준을 비롯한 각국 중앙은행의 금리 정책 등에 따라 종합적으로 결정됩니다. 뉴스에서는 시장금리를 경기가 어떤 상황이고, 우리 경제가 외부에 어떤 평가를 받는지 판단하는 근거로서 비중 있게 다루고 있습니다.

금융 시장에서 중요시하는 단기 금리

금융 시장에서는 단기 금리 추이가 비교적 중요합니다. 통상 2년물 이하의 채권이 단기물에 속하는데 중앙은행의 기준금리 정책에 크게 영향을 받죠. 특히 RP금리와 콜금리 등입니다. 기준금리가 인상하거나 인하하면 그 효과가 단기 금리부터 시작되기 때문에 한국은행 등 국책 금융 기관에서도 면밀하게 살펴봅니다.

이번에는 금융통화위원회 결정에 따라 한국은행이 기준금리를

1.0%에서 1.5%로 올리기로 했다고 가정해봅시다. 한국은행은 RP 7일물을 1.5% 금리로 매각하겠다고 입찰을 진행합니다(이 RP 매각은 한국은행이 보유한 증권을 금융사에 매각하고 만기에 이를 되사는 방식입니다). 한국은행이 고시한 금리가 금융사들이 기존에 보유하고 있던 단기채의 금리보다 높기에, 금융사들은 보유 중인 CP나 RP 또는 CD 등을 팔아 한국은행이 진행하는 RP 입찰에 참여합니다. 금리 상승 폭만큼 차익을 볼 수 있기 때문이죠.

실제로 한국은행이 기준금리를 올리고 RP 매각을 실시하면 시중 자금이 크게 몰려들기도 합니다. 2022년 11월 3일 실시한 RP 7일물

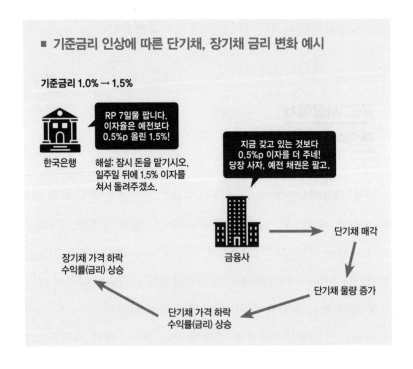

■ 기준금리 인상에 따른 단기채, 장기채 금리 변화 예시

(매각금리 3.0%) 매각에서 응찰액은 418조 3,500억 원이었습니다. 낙찰액 규모가 20조 원임을 고려하면 이례적인 현상이었죠.[4]

RP와 CP 등의 가격이 하락하면 중기채, 장기채 등도 연쇄적으로 가격이 하락합니다. 채권 시장에서 채권 가격 하락은 곧 금리(수익률) 상승을 의미합니다. 즉 전체 시장의 금리가 자연스럽게 올라가죠.

경기에 따라 RP금리가 오르기도 합니다. 예를 들어 2020년 3월 코로나19 쇼크 때문에 금융사가 갑작스럽게 자금난을 겪을 때입니다. 이때 RP금리가 치솟자 금융당국에서 급히 대책 수립에 나서기도 했습니다. 금융사들의 단기 금리가 높아지면 시장금리가 전체적으로 상승하고, 기업과 가계의 신용 부실을 불러올 수 있기 때문입니다.

기업에서
중요시하는 CP금리

한편 기업은 CP를 중요시합니다. CP는 회사채 발행보다 덜 복잡해서 중소·중견 기업은 물론 대기업도 자금 조달을 위해 발행하곤 합니다.

사실 어음에는 외상이라는 개념이 숨어 있습니다. 예전에는 기업이 거래처에서 원자재나 제품을 구입하고 돈 대신 어음을 줬습니다. 이 어음을 정해진 날짜에 은행에 가져가면 현금으로 바꿀 수 있었죠. 이른바 '진성어음'입니다.

만약 제품이나 원자재 대신 돈을 매개로 어음을 발행한다면 CP가 됩니다. 돈을 빌려주고 이자까지 수령하니 이를 '융통어음'이라고 부르죠. CP는 금융사에서 거래할 수 있고 일반 투자자도 투자할 수 있는 자산이 됩니다.

CP에도 금리가 붙는데, 신용도가 좋은 기업일수록 금리가 낮아집니다. 바꿔 말해 신용도가 낮은 기업이라면 CP금리가 올라갑니다. CP는 수익률이 좋지만 해당 기업이 부도 나면 휴지조각이 될 수 있어 일반 투자자는 투자에 유의해야 합니다.

좀 더 규모 있는 상장사라면 회사채를 발행해 자금을 조달합니다. 대규모 투자를 계획 중인 회사라면 장기간 돈을 쓸 수 있는 채권이 CP나 은행 대출보다 유리합니다. CP는 발행하긴 쉽지만 만기가 보통 6개월에서 1년 정도로 짧기 때문이죠. 반면 은행 대출은 절차가 까다롭고 대규모 자금을 조달하기도 어렵습니다.

참고로 CP나 회사채 금리도 금융당국에서 예의 주시하는 금리 중 하나입니다. 이들 금리가 뛰면 당장 기업이 받는 자금 압박이 커지고, 이것이 국민 경제에도 결코 좋지 않다고 보는 것입니다.

시장금리를 살펴보고 싶다면

국내 유통되는 채권의 금리를 한눈에 보고 싶다면 금융투자협회에서 운영하는 채권정보센터 웹사이트를 추천합니다. CD와 CP부터 장기 국고채까지 수익률이 매일매일 올라오고, 일정 기간의 금리 흐름은 물론 전체 시장금리 흐름도 찾아볼 수 있습니다.

금리 추이 외에 어떤 기관이 채권을 많이 매수하는지, 어떤 채권이 가장 인기가 많은지도 볼 수 있습니다. 저 또한 채권금리에 대한 대부분의 자료를 채권정보센터에서 얻고 있습니다.

■ 채권정보센터 웹사이트에서 '채권금리' 탭을 선택했을 때

출처: 금융투자협회 채권정보센터

채권은
고상한 차용증이다

앞서 말한 대로 시장금리가 곧 채권금리라면, 그럼 채권은 무엇일까요? 채권은 한마디로 '격식을 갖춘 차용증'이라고 할 수 있습니다. 정부, 지방자치단체, 공공기관, 기업 등 신용도 좋은 기관에서 대규모 자금 조달을 위해 발행합니다. 신용도가 좋은 만큼 이자도 고정으로 지급하기 때문에 신뢰할 수 있는 자산에 속하죠.

채권에는 정해진 날짜(이자 지급일 및 상환일)에 정해진 금액(이자 및 원금)을 지급하겠다는 내용이 담겨 있습니다. 계약에 따라 1년치 이자를 3개월에 한 번씩 나눠 받을 수도 있고, 1년에 모두 받을 수도 있습니다. 만기에 원리금(원금과 이자)을 한 번에 받는 방법도 있죠.

채권의 장점은 정해진 날짜에 정해진 수익(이자)이 따박따박 들어온다는 것입니다. 만기까지 보유하고 채권 발행자가 부도만 내지 않는다면 손실 가능성도 적죠. 미래에 얻을 이익을 예상해볼 수 있기에 '고정수익증권fixed income securities'이라고도 부릅니다.

채권의 1차 수요자는 자산운용사, 보험사, 은행, 연기금 등 기관 투자자들입니다. 특히 국민연금과 같은 연기금이나 보험사 등은 장기간 자금을 운용하면서 가입자에게 연금 또는 보험금을 지급해야 하는 이유로 채권을 선호합니다.

만기까지 보유하지 않고 중도에 팔게 된 채권은 바로 시장에서 거래됩니다. 앞서 언급한 기관 외에 증권사, 투자은행, 자산운용사 등의 전문 트레이더들이 이러한 채권을 두고 차익 거래를 하죠.

■ **국민연금 자산운용 포트폴리오(2022년 9월 기준)**

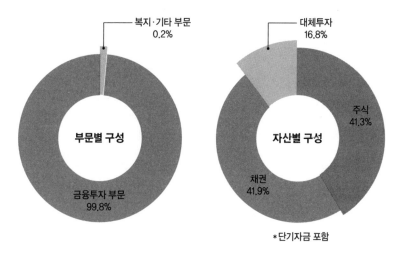

출처: 국민연금

▶ 채권은 41.9%로, 국민연금에서 투자 비중이 가장 높은 편이다.

채권의
기준과 분류

채권은 여러 기준에 따라 다양하게 분류됩니다. 그중 발행 주체에 따른 분류를 살펴보자면 국채(정부), 지방채(지방자치단체), 특수채(특수목적으로 설립된 공공기관), 회사채(기업) 등이 있습니다.

이 중 국채는 중앙정부가 국회 의결을 거쳐 발행하는 채권입니다. 정부 운영에 필요한 자금을 시장에서 빌려오는 것이죠. 마찬가

■ **채권의 기준과 하위 분류**

기준	해당 채권
발행 주체	국채, 지방채, 특수채, 회사채, 외국채
보증 유무	보증채, 무보증채
이자 지급 방법	할인채, 복리채, 단리채, 이표채
액면이자 확장 여부	고정금리채, 변동금리채, 역변동금리채
상환 방법	만기 상환, 분할 상환
상환 기간	단기채, 중기채, 장기채
발행가액	액면발행채, 할인발행채, 할증발행채
내재 옵션 여부	수의상환채, 전환사채, 신주인수권부사채, 상환요구채, 교환사채

출처: 한국거래소, 『한국의 채권시장』(지식과 감성, 2019), 21p.

지로 지방채도 지방 재정 운영에 필요한 돈을 마련하고자 지방자치
단체가 발행하는 채권입니다.

특수채는 한국전력공사, 한국토지주택공사, 예금보험공사 등 특
별법에 따라 설립된 법인이 대규모 공사를 벌이거나 사업 중 손실을
메꾸기 위한 목적으로 발행하는 채권입니다. 공기업이 발행한 채권
이라고 봐도 무방합니다.

회사채는 상법상 주식회사로 분류되는 주식회사가 대규모 투자
를 계획 중이거나 경영 자금이 필요할 때 발행합니다. 아무래도 대
기업이 신용도 면에서 유리하기 때문에 발행하는 채권의 규모도 큰
편입니다. 신용도가 다소 처지는 중소·중견기업들은 금리를 더 많이
주거나 전환사채처럼 옵션이 붙은 채권을 발행합니다. 투자자에게
더욱 많은 이점을 줘서 채권의 매력을 높이는 것이죠.

채권 투자로 수익을 얻는
두 가지 방법

채권으로 수익을 얻는 방법은 크게 두 가지로 나눌 수 있습니다.
바로 '만기까지 보유하면서 이자를 수익으로 가져가느냐'와 '중간에
팔아 차익을 남기느냐'입니다.

만기까지 보유하려는 곳은 보통 연기금이나 보험사입니다. 앞서
말했듯이 가입자가 맡긴 돈을 장기간 운용하면서 가입자에게 수익

을 다시 나눠줘야 하는 곳이죠. 특히 국민연금은 앞서 살펴본 자산
운용 포트폴리오에서 알 수 있듯 채권의 비중이 매우 높습니다.

중간에 팔아 차익을 남기는 방법은 주로 자산운용사, 증권사에서
이뤄집니다. 시장에서 변화무쌍한 금리와 가격의 미묘한 격차를 잡
아서 차익을 거두는 것이죠. 이러한 격차는 채권의 액면가와 실제
유통되는 거래가격, 원래 정해진 이표금리와 시장에서 측정되는 수
익률이 달라서 생기기도 합니다.

경우에 따라 채권 트레이딩이 '하이 리스크 하이 리턴high risk, high
return'의 위험 투자가 될 수도 있습니다. 신용도가 낮아 가격이 폭락
한 채권을 매입해 가격이 올랐을 때 되파는 식이죠. 이 경우 정크본
드junk bond라고 부르는 신용도 낮은 회사채가 많이 이용됩니다.

채권 발행자와
채권 투자자는 공생관계

채권 시장이 잘 굴러가려면 채권이 끊임없이 공급되어야 합니다.
연기금 등 주요 채권 투자자의 수요가 계속 있기 때문이죠. 이러한
기관 투자자들은 국채부터 회사채, ABS(자산유동화증권), MBS(주택저
당증권) 등 다양한 채권을 매입하고 운용합니다. 채권 공급이 끊긴다
면 기금 운용도 어려워집니다.

기관 투자자들이 선호하는 채권 중 하나가 MBS입니다. 주택담보

대출채권을 묶어 유동화한 채권인데, 부도 가능성이 낮고 금리는 비교적 높은 편입니다. 한 예로 주택금융공사가 보금자리론, 디딤돌대출 등 서민 주택담보대출채권을 유동화해 만들어 팔고 있죠. 정부 기관에서 발행하는 채권이다 보니 신용도도 비교적 높습니다.

가끔 이 MBS 공급이 줄어들 때가 있습니다. 바로 주택담보대출 자체가 줄어들 때인데요, 주택 경기가 침체되기 시작하던 2022년 상반기가 대표적입니다. 주택금융공사가 운영하는 MBS 통계 사이트인 K-MBS에 따르면 2022년 하반기 MBS 발행금액은 3조 9,818억 원으로 2021년 하반기(12조 7,855억 원) 대비 68.9% 격감했습니다. 2022년 하반기 주택 경기가 그만큼 나빴다는 방증입니다.

연기금 입장에서는 그만큼 투자할 MBS가 적어졌다는 뜻인데, 이

■ **국내 MBS 발행금액**

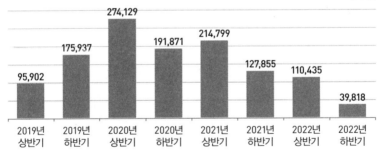

(1억 원)

출처: K-MBS, 한국주택금융공사

▶ 2022년 하반기는 2021년 하반기는 물론 직전 2022년 상반기와 비교해도 발행금액이 급격히 감소했다.

때 정부가 나섭니다. 안심전환대출이라고 해서 은행권에서 고금리 대출을 받은 주택 구입자들이 주택금융공사의 저금리대출로 갈아타게 해준 것이죠. 이를 통해 고금리로 주택담보대출을 받은 서민을 돕는 한편, 연기금이 투자할 만한 MBS를 시장에 공급하며 일석이조 이상의 효과를 얻었습니다.

또한 연기금의 자산 운용을 도우면서 채권 시장 안정화도 꾀할 수 있습니다. MBC 라디오의 경제 전문 프로그램 〈이진우의 손에 잡히는 경제〉의 이진우 진행자는 "기관 투자자에게 채권이라는 먹이를 주는 것"이라고 비유하기도 했죠. 다만 은행은 입이 나와 있곤 합니다. 알짜배기 주택담보대출 자산이 주택금융공사로 옮겨지면서 이자 수익이 줄었기 때문입니다.

실리콘빌리뱅크가 파산한 이유

미국 현지 시간으로 2023년 3월 10일 실리콘밸리뱅크SVB가 파산했습니다. 미국 내 은행의 파산은 2008년 리먼브라더스사 이후 처음입니다. 파산의 직접적인 원인은 실리콘빌리뱅크 경영진의 잘못된 판단이라고 볼 수 있겠지만, 간접적인 원인으로 많은 전문가가 연준의 금리 인상을 지목하고 있습니다. 금리 인상 여파를 버티지 못하고 쓰러진 것이죠.

그런데 의아합니다. 금리가 오르면 은행의 대출 이자율도 높아져 수익이 늘어나는데 실리콘빌리뱅크는 왜 파산에 이르렀을까요? 한국과 미국의 대형 은행들이 금리 인상 효과로 더 많은 수익을 거둔 것과 비교하면 잘 이해되지 않습니다.

결론부터 말하자면 금리 변동기에 채권 투자 전략을 잘못 짰기 때문으로 볼 수 있습니다. 저금리 기간이 더 길어지리라 잘못 판단하고 장기채 위주로 투자 포트폴리오를 짰던 것이죠. 금리가 급변할 때는 만기가 짧은 채권이 더 안전합니다.

저금리 투자 붐을 누렸던
실리콘빌리뱅크

실리콘빌리뱅크는 실리콘밸리의 스타트업을 고객으로 삼았습니다. 지역 기업과 개인으로부터 예금을 받아 유망한 스타트업에 대출해주는 방식으로 성장했죠. 스타트업 전문 은행이라는 성격이 강하다 보니 스타트업의 영업권이나 기술 특허 등 무형 자산도 담보로 인정해서 대출을 해줬습니다. 일반 은행이면서 벤처캐피털VC의 성격을 함께 갖고 있었던 것이죠. 덕분에 스타트업이 증시에 상장하거나 다른 대형 기업에 인수·합병M&A될 때 자문을 맡기도 했습니다.

2020년 이후 금리가 낮게 형성되고 실리콘밸리 기업으로 대규모 투자가 밀려 들어오자 실리콘빌리뱅크도 호기를 맞았습니다. 예금 잔고(수신)를 빠르게 늘렸고 2021년 말에는 예금 잔고가 1,890억 달러에 이르렀습니다. 2001년 말 42억 달러에서 50배로 늘어난 것이죠. 미국 내 저금리로 투자 수요가 어느 때보다 높던 2021년 한 해에만 예금 잔고 증가율이 86%에 달했습니다.

문제는 엄청나게 늘어난 예금액을 굴려야 한다는 것이었습니다. 대출 잔고를 갑작스럽게 늘리기는 힘든 상태에서 예금 이자를 줘야 했던 것이죠. 실리콘빌리뱅크 경영진은 어떻게 해서든 이윤을 남기기 위해 채권에 투자합니다. 만기가 길수록 금리가 높다는 점을 고려해 장기 채권 위주로 매입했습니다. 2018년 이전까지는 단기채에 충실히 투자했는데, 2020~2021년에는 금리가 워낙 낮다 보니 기존 방침을 어긴 셈이었습니다.

■ **실리콘빌리뱅크 예금 잔고**

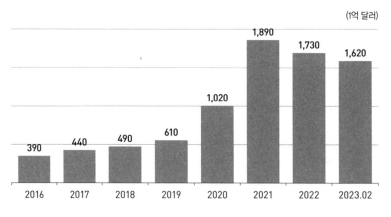

(1억 달러)

출처: 실리콘빌리뱅크 웹사이트(www.svb.com)

실리콘빌리뱅크의
악재가 된 장기채 투자

더 큰 문제는 2022년 초부터 금리가 오르기 시작했다는 것입니다. 40년 만에 인플레이션이 이어지자 연준이 고강도로 기준금리를 올리면서 기존 채권 가격이 하락했습니다. 실리콘빌리뱅크가 보유하고 있던 채권의 평가 가격도 떨어졌고, 결국 평가손실(회계장부상 손실)을 입게 되었죠.

비록 시중 채권 가격이 하락했다고 해도 보유 중인 채권을 만기일까지 갖고 있으면 손실 볼 위험이 적습니다. 만기일에 받을 원금과 이자는 그대로 남아 있기 때문이죠. 예컨대 10년 만기 1,000만 원짜리 채권이 시장에서 900만 원에 팔린다고 해도(회계장부상 100만 원 손실), 10년 만기까지 잘 갖고 있으면 이자와 함께 1,000만 원을 모두 받을 수 있습니다.

그러나 인간의 심리는 그렇지 않습니다. 중간에 급박한 일이 생기거나 불안한 마음이 들어 서둘러 채권을 매각할 수도 있죠. 소위 '돈을 뺀다'고 표현하기도 하는데, 이러한 상황이 오면 대체로 손실을 보게 됩니다. 평가손실이 실제 손실이 되는 것이죠. 이러한 손실 또는 격차gap를 '만기 위험maturity risk'이라고 합니다. 만기 위험이 극대화된 사례 중 하나가 뱅크런bank run(예금 인출 사태)입니다.

불행하게도 실리콘빌리뱅크는 만기 위험과 뱅크런이 동시에 일어났습니다. 금리가 올라가고 채권 가격이 하락하면서 평가손실이 늘고, 금리 상승에 따른 투자 수요 감소로 예금 인출이 물밀듯 들어왔죠. 실리콘밸리뱅크는 회계장부상 손실이 난 채권을 서둘러 팔아야 했습니다. 결국 실제 손실로 이어진 것이죠.

금리 급등기에는 장기채보다 단기채가 안전하다

만약 실리콘밸리뱅크가 잔여 만기가 짧은 단기채를 주로 보유하고 있었다면 손실 폭이 적어 좀 더 오래 버틸 수 있었을 겁니다. '곧 원금을 받게 되는 단기 채권'의 가격 변동 폭이 '원금 받을 날이 먼 장기채'보다 크기 때문이죠. 예컨대 금리가 1% 오를 때 잔여 만기가 1년인 채권은 가격이 5% 정도 하락하지만, 만기가 10년인 채권의 가격 하락 폭은 20%를 넘습니다.

실제로 금리 상승이 예상될 때 채권 투자자들은 장기채를 서둘러 팔고 단기채 위주로 포트폴리오를 꾸립니다. 혹여라도 있을 채권 가격 하락의 부담을 덜기 위해서죠. 채권 투자자 사이에서는 "금리 변동기에는 방망이(만기)를 짧게 잡아라"라는 말이 격언처럼 통합니다. 그러나 이를 간과한 실리콘밸리뱅크 경영진이 이후 조금만 참고 기다려달라고 예금자들에게 호소했지만 소용없었습니다. '눈물의 (채권) 손절매'를 해야 했는데 말이죠.

물론 채권에 직접 투자할 일이 적은 일반 투자자 입장에서 이러한 사례는 크게 와 닿지 않습니다. 설령 금리가 급변한다고 해도 채권을 만기까지 갖고 있으면 '원금을 잃을 일'은 없습니다. 채권 부도 상황만 아니라면요. 채권을 장기간 보유하면서 이자를 받고 싶다면 금리가 높을 때가 장기채 투자의 적기라고 할 수 있습니다.

국내 금융사의 상황은 어떨까?

실리콘밸리뱅크 사태와 비슷한 일이 우리라고 없을까요? 한국도 2020~2021년 저금리를 누렸다가 2022년 이후 가파른 금리 상승을 겪었습니다. 국내 금융사들도 실리콘밸리뱅크와 비슷한 일을 겪었을 수도 있다는 이야기입니다.

한 예로 2021년 국내 금융사들은 고객에게 받은 예금을 통해 대출보다 채권에 더 많이 투자했습니다. 그러나 2021년 정부의 가계대출 억제 정책으로, 또 2022년에 들어서는 대출 수요 증가세 둔화로 여신을 크게 늘리지 못했습니다.

2022년 9월 기준 제3인터넷전문은행인 토스뱅크의 대출금 규모는 7조 1,292억 원이지만, 채권 등 유가증권 규모는 17조 6,040억 원입니다. 예금으로 들어온 돈이 23조 1,445억 원인데, 유가증권 비율이 76%에 달하는 것이죠. 예금을 받아 채권에 투자했다고 해도 틀린 말이 아닙니다.

그나마 다행인 것은 토스뱅크가 우량 단기채 위주로 유가증권을 사놓았다고 알려졌다는 사실입니다. 잔여 만기가 10년 이상인 채권에 투자했다가 손실을 본 실리콘빌리뱅크보다는 상황이 나아 보입니다.

그래도 평가손실은 2022년 3분기 기준 2,385억 원에 이릅니다. 만기가 도래해 원금을 받으면 사라질 손실이라고는 하지만, 토스뱅크의 자본금 규모가 1조 원 선임을 고려하면 적지 않은 규모죠. 작금의 고금리 위기를 넘겨야 토스뱅크도 은행으로서 위치를 다질 수 있을 것입니다.

채권 시장의 큰형님,
국채

　시장금리라는 명목으로 우리 생활에 지대한 영향을 끼치는 '채권 시장의 큰형님'이 있습니다. 바로 국채입니다. 국가에서 발행하는 채무증권인 국채는 비교적 높은 신용도와 많은 발행량으로 시장에서 환영받고 있습니다. 앞서 말했듯이 미국과 독일 등 선진국 국채는 국제적으로 안전 자산으로 인정받고 있기도 하죠.

　국내 채권 시장을 본다면 당연히 정부 발행 국채(국고채 또는 국고채권이라고도 함), 전 세계 채권 시장을 본다면 미국 재무부가 발행한 미 국채의 금리 변동에 주목해야 합니다. 워낙 많이 유통되고 많은 사람이 보유하고 있다 보니 미 국채 금리는 세계 경기를 읽는 바로미터가 될 정도입니다.

국채의
종류

현재 국고채권은 만기 1년물, 3년물, 5년물, 10년물, 20년물, 30년물 등이 발행됩니다. 정해진 시점에 정해진 이자를 지급하는 이들 채권을 이른바 '이표채권'이라고도 부르죠.

국채의 또 다른 축으로 외국환평형기금채권이 있습니다. 흔히 '외평채'라고 부르는데, 한국 정부가 외화 확보를 위해 발행하는 채권을 일컫습니다. 정부는 일시적인 환율 변동을 막는 등 공개 시장 운영에 외국환평형기금채권을 활용하고 있습니다.

재정증권은 정부가 일시적으로 부족한 자금을 조달하기 위해 발행합니다. 국고채 중에는 최장 50년까지 발행되는 것도 있지만, 재정증권은 만기가 1년 이내입니다. 급전 성격이 강하다 보니 할인채 방식으로 발행하죠. 정부에서 발행하는 어음이라고도 볼 수 있는데, 어음처럼 1년 뒤 만기일에 10만 원을 준다고 약속하고 9만 원에 할인 판매하는 채권이기 때문입니다.

이들 국채는 공개 입찰을 통해 투자자들에게 갑니다. 보통은 증권사나 은행과 같은 '국고채전문딜러'가 취급하죠. 일반인도 입찰에 참여할 수 있지만, 국고채전문딜러로 지정된 기관에 계좌를 개설한 후에만 가능합니다. 이때도 국고채전문딜러를 끼고 입찰에 참여합니다. 최소 10만 원에서 20만 원, 30만 원과 같이 정수 배로 응찰할 수 있습니다. 한 사람당 최대 응찰금액은 10억 원입니다.

미 국채가 채권 시장에서
각광받는 이유

미 국채는 채권 시장에서 가장 선호되는 자산입니다. 세계 경제가 어려워질 때마다 미 국채에 대한 선호 현상이 나타나죠.

한 예로 2011년 7월 말 미국의 신용평가등급이 강등되는 일이 있었습니다. 최대 경제대국인 미국의 신용평가등급 강등 소식은 전 세계적으로 충격이었는데, 한편에선 미 국채의 금리는 내려가는 (국채 가격 상승) 역설적인 상황이 벌어지기도 했습니다. 이러한 '미 국채의 역설'은 그만큼 경제 위기에는 미 국채가 안전 자산으로 인정받는다는 뜻이기도 합니다.

■ **미 국채 10년물 금리 추이**

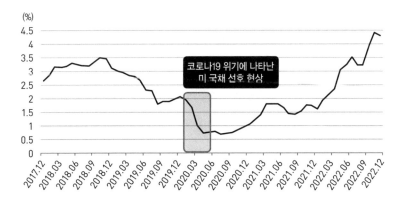

출처: FRED

▶ 2020년 초 코로나19 위기에도 미 국채 선호 현상이 두드러지며 미 국채 금리가 하락했다.

미 국채는 외신 등에서 흔히 재무부라는 뜻의 'treasury'로 부릅니다. 정식 명칭이 '미국 재무부 채권'이기 때문이죠. 만기에 따라 세 가지로 구분되며, 1년 이하 할인채를 단기채treasury bill, 2~10년물은 중기채treasury note, 20~30년물은 장기채treasury bond라고 부릅니다.

미 국채의 1차적인 역할은 미국 재정의 부족분을 채우는 것입니다. 2021년(2020년 10월 1일~2021년 9월 30일) 미국의 회계연도 재정적자는 약 2조 8,000억 달러로 1945년 이후 역대 두 번째 규모였습니다(첫 번째는 2020년 회계연도로 3조 1,300억 달러 규모). 유례없는 코로나19 팬데믹으로 정부 지출을 크게 확대하면서 재정적자가 대폭 늘어난 것이죠.

미국이 국채 발행을 늘리면 사주는 이들도 있어야 합니다. 발행된 미 국채는 미국 안에서 주로 소화되지만 해외에서도 많이 팔립니다. 전 세계 각국은 미 국채 매입을 선호합니다. 앞서 말했듯이 안전자산으로 인식되는 데다 달러 자산인 이유가 크죠.

실제로 일본과 중국은 세계 최대 미 국채 보유국이며, 각각 1조 달러 가까이 보유하고 있습니다. 두 나라 모두 미국과의 무역수지에서 막대한 흑자를 기록하고 있죠. 즉 흑자로 얻은 달러를 미 국채에 다시 투자하면서 보유한 것입니다. 두 나라는 미국과의 원활한 관계 개선을 위해 미 국채를 샀다고도 볼 수 있습니다.

이런 맥락에서 미중 무역 전쟁이 한창일 때, 중국이 미국에 대항할 수 있는 전략으로 미 국채 투매(한꺼번에 파는 것)가 거론되기도 했습니다. 시장에 나온 미 국채 물량이 많아지면 미 국채 가격이 낮아지고, 이는 미 국채 금리 상승으로 이어져 미국 정부의 재정 악화를 초래할 수 있다는 추론 때문이었습니다.

달러를 푸는 용도로도
활용되는 미 국채

2008년 글로벌 금융 위기가 닥쳤을 때 연준은 국채를 주로 사들이면서 시장에 달러를 풀었습니다. 현금으로 쓸 수 없는 시장의 채권을 현금으로 바꿈으로써 시장 통화량 증가는 물론 시장금리 하락 유도까지 기대할 수 있었죠.

결과적으로 국채 가격이 안정되고 금리가 낮아지면서 연준이 펼친 저금리를 통한 통화 완화 기조에도 부합하게 되었습니다. 미국발 위기로 '금융 공황' 공포를 겪던 다른 나라들도 안정을 찾을 수 있었죠.

그러나 2021년부터 감지된 인플레이션과 2022년부터 시작한 연준의 금리 인상은 미 국채의 위상을 흔드는 또 다른 충격이 되었습니다. 연준이 기준금리를 올리고 반대로 통화량을 흡수하는 자산 매각 정책을 벌이면서 시중에 나온 미 국채 양이 늘었습니다. 미 국채 최대 보유국인 일본과 중국도 달러 마련을 위해 미 국채를 내다 팔면서 미 국채 가격이 하락했고, 미 국채 금리는 자연스레 상승하기 시작했습니다.

2022년 하반기 미 국채 10년물의 금리는 장중 4%를 돌파하기도 했습니다. 12년 만에 가장 높은 수준이었죠. 안전 자산이라고는 하지만, 시중에 대량 유통되고 연준을 비롯해 미 국채를 꾸준히 매입해주던 큰손까지 사라지니 미 국채도 금리 상승과 가격 하락을 겪을 수밖에 없었습니다.

국채 금리는 경기 판단의 바로미터

국채는 발행량도 많고 금리도 비교적 안정적입니다. 그래서 시장금리의 기준선처럼 여겨지죠. 예컨대 회사채 10년물의 금리가 적당한지 알아보고 싶다면 국채 10년물 금리를 기준으로 삼으면 됩니다. 보통은 회사채 금리가 국채 금리보다 높기 마련인데, 그 차이에 따라 회사채의 시장금리를 가늠할 수 있죠.
이를 두고 '신용 스프레드(spread)'라고 하는데, 이 수준이 크게 벌어져 있을수록 시장에서 느끼는 불안감이 크다고 해석할 수 있습니다. 시장이 불안할수록 국채에 대한 선호도가 높을 수밖에 없습니다. 이는 국채 금리 하락과 회사채 금리 상승으로 이어집니다.
신용 스프레드의 계산법은 간단합니다. 회사채 이자율에서 국채 이자율을 뺀 값이죠. 국채 금리를 중심으로 본다면, 국채 금리에서 가산금리를 더한 게 회사채 금리가 됩니다. 실제로도 국채 금리에 가산금리를 더해 회사채 금리를 결정하기도 합니다.

채권금리는
가격과 반대로 움직인다

앞서 시장금리와 채권의 관계를 두고 '채권 가격과 금리는 반대로 움직인다'고 설명했는데, 여기서는 이에 대해 좀 더 자세히 들어가보겠습니다. 왜 채권 가격과 금리가 반대로 움직일 수밖에 없는지, 그리고 이 같은 메커니즘은 어떤 이유로 형성되는지 등입니다.

채권 원금은 고정이지만
채권 가격은 변동한다

우선 전제로 깔고 가야 할 게 있습니다. 채권도 주식처럼 시장에서 팔리는 증권 자산이라는 점입니다. 여기에 안전 자산 선호나 손절매 등의 투자자 심리가 채권의 가격과 금리에 작용합니다.

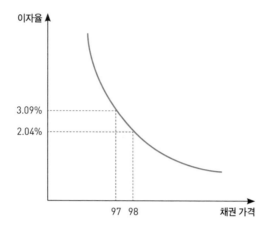

▶ 채권 가격은 이자율이 낮을수록 올라간다.

　꼭 맞는 비유는 아니지만, 주식을 예로 들어보겠습니다. 모든 기업 주식은 발행가액(액면가)으로 출발합니다. 주당 5,000원이나 1만원 또는 1,000원 식이죠. 주식은 기업의 자본금을 이루는 요소이며, 만약 기업 실적이 좋아져서 해당 주식에 대한 인기가 높아지면 액면가 이상으로 거래됩니다. 이것이 흔히 말하는 '주가'가 됩니다.

　채권 가격도 이 같은 맥락에서 볼 수 있습니다. 채권의 액면가는 원금이라고 할 수 있습니다. 처음에는 원금과 이자를 받는 약속증서로 채권이 발행되지만 시장에 유통되면 '시장가'가 형성됩니다. 해당 채권을 선호하는 투자자가 많아지면 원금보다 높은 수준에서 가격이 형성됩니다. 여기서 수익률의 개념이 나옵니다.

　다시 말해 채권의 원금과 이자는 만기까지 고정되어 있습니다.

만기일에 받는 원금과 이자는 (채권 발행자가 부도 나지 않는 한) 처음 약속된 그대로 받는다는 것이죠. 반면 앞서 언급한 대로 시장에서 유통되는 채권 가격은 원금 수준보다 떨어지거나 올라갈 수 있습니다. 수익률은 내가 산 채권 가격 대비 원래 받기로 한 이자(1년 단위) 비율이 됩니다. 분자라고 할 수 있는 이자는 그대로인데, 분모라고 할 수 있는 가격이 변화하면서 수익률이 바뀌고, 이게 금리로 굳어지는 것이죠.

예를 들어 A보험사가 100억 원을 들여 국채 100억 원어치를 샀다고 가정해봅시다. 만기는 10년이고 표면금리(처음 약속된 이자율)는 3.5%입니다. 10년간 매해 3억 5,000만 원을 이자로 받게 되는 것이죠. 보유하기만 해도 수익률은 3.5%로 표면금리와 같습니다.

만약 이후에 시장금리가 상승하면 어떻게 될까요? 한국은행이 기준금리를 올리면서 새로 발행되는 10년 만기 국채 금리가 4%가 된다면 A보험사는 고민에 빠질 겁니다. 새 채권을 100억 원어치 사면 4% 수익률, 즉 연 4억 원을 기대할 수 있는데 지금 보유 중인 국채 수익률은 3.5%이니까요.

A보험사 경영진이 3.5% 수익률의 기존 국채를 팔기로 결정했다고 칩시다. 아무래도 시장 투자자들은 원금 100억 원보다 낮은 가격에 사려고 할 것입니다. 같은 조건의 10년 만기 국채를 사면 4%의 수익률(금리)를 기대할 수 있기 때문이죠. 자연스럽게 A보험사가 보유했던 기존 국채는 더욱 싼 가격에 시장에 매각됩니다. 이 국채를 받은 투자자는 떨어진 가격에 매입했으니, 더욱 높은 수익률을 기대

할 수 있습니다. 이론적으로는 4%대 근방일 것입니다.

반대의 경우도 있습니다. 시장금리가 하락세일 때입니다. 이때는 새로 발행되는 채권의 금리가 낮기 때문에 기존 채권의 매력도가 커집니다. 기존 채권을 찾는 수요가 늘면서 기존 채권의 가격은 올라갑니다. A보험사는 웃돈을 받고 시장에 팔아 더 큰 수익을 볼 수 있죠.

금리는 수익률의
또 다른 이름이다

금리는 돈에서 나오는 이윤을 일컬으며, 포괄적인 개념으로 두루 쓰입니다. 소비하지 않고 현금을 그대로 갖고 있는 것도 '금리를 누린다'고 표현합니다. 예적금에 붙는 금리도 이자율 개념에서 당연히 금리가 되고, 채권에서 나오는 표면금리도 이자율 개념에서의 금리라고 할 수 있죠.

채권을 싼값에 사고 누리는 이자율도 금리가 됩니다. 이때는 수익률이라고 구분해서 표기하기도 합니다. 다만 시장에서 통용되는 '채권 수익률'은 이제 발행하려는 이표금리의 참고 자료로 쓰이기도 합니다. 채권 발행자들은 채권 발행 전 수요 조사를 하고 (주식에서 공모가를 결정하듯) 표면금리를 어떻게 정할지 가늠합니다. 이때 시장의 수익률을 참고해 이자율을 정하죠.

2022년 12월까지 일본 정부가 10년 만기 국채 기준 수익률을 0.25%로 유지하고자 무던히 애썼던 이유도 여기에 있습니다. 자칫 시장에서 일본 국채의 수익률이 올라가면, 일본 정부가 새로 발행하는 채권의 금리도 올라가고, 결국 일본 정부의 이자 부담이 늘어날 수 있기 때문이었죠.

일본은행도 일본 정부의 기조에 맞춰 10년 만기 일본 국채를 줄기차게 사면서 0.25% 수익률을 유지하려고 했습니다. 일본은행이 일본 국채의 거대한 수요자이자 매입자를 자처하면서 일본 국채의 가격은 안정되었고 수익률도 0.25%를 유지할 수 있었습니다. (참고로 2022년 12월 20일부터 일본은행은 10년 만기 일본 국채의 목표 수익률을 0.5%로 높입니다. 미국 등 다른 나라와의 금리 차이가 커졌기 때문입니다.)

가격 이외에 채권에
영향을 미치는 것들

채권은 대부분 채권 발행자의 신용도에 따라 발행됩니다. 채권 발행자가 부도를 낸다면 투자자는 원금을 모두 날릴 수 있기 때문에 완전한 안전 자산이라고는 보기 어렵죠.

채권 투자자들은 당연히 발행자의 신용도를 민감하게 살필 수밖에 없습니다. 채권 발행자가 돈을 갚지 못할 것 같으면 해당 채권을 애초에 사지 않습니다. 오히려 손해를 보더라도 매각하고 '손절'하려고 하죠. 이는 주식 등 다른 유가 증권 시장에서도 흔히 볼 수 있는 현상입니다.

이러한 이유 때문에 시장에 저렴한 가격으로 나온 채권은 수익률이 점점 높아집니다. 투자부적격 채권의 금리가 높은 것은 투자자 자체가 적기도 하지만 원금보다 싼 가격에 거래되는 이유가 큽니다.

반대로 안전 자산으로 인식되면 비용을 더 들이더라도 사려는 게 채권 자산입니다. 예컨대 독일 국채처럼 경제가 탄탄한 선진국 채권을 들 수 있습니다. 세계 경제가 어려워져도 버틸 만한 국가라는 기대감에 채권 투자자가 이러한 채권에 몰리는 것이죠. 실제로 2019년 불황 우려가 커지자 안전 자산에 대한 선호 현상이 두드러

■ **독일 국채 10년물 수익률 추이**

출처: 인베스팅닷컴(www.investing.com)

▶ 안전 자산 선호 심리가 강하던 당시에 독일 국채는 마이너스 금리를 기록했다.

졌고 이때 독일 국채 수익률은 마이너스를 기록하기도 했습니다. '원금보다 돈을 더 많이 내도 좋으니 독일 국채를 꼭 사겠다'는 투자 수요가 몰린 것이죠.

2장

금리와 금융

우리의 생활은 금융과 밀접하게 연결되어 있습니다. 회사원이 월급을 매달 자기 은행 계좌로 받는 것처럼 말이죠. 급여를 주는 기업도 은행이 있어 편리합니다.

또한 금융은 경제에서 혈관과 같은 역할을 합니다. 기업은 투자에 쓸 비용을 대출받아야 하고, 정부는 국민을 위해 쓸 예산 일부를 국채로 조달합니다. 우리도 은행에서 대출을 받아 집을 사기도 하고, 일부는 예금에 넣어 이자 수익을 얻거나 주식에 투자합니다.

금리는 일상과 경제에 있어 이렇듯 중요한 금융이 원활하게 잘 돌아가도록 합니다. 은행은 금리를 기대하고 대출을 내주고, 투자자는 안정적인 수익을 예상하고 정부 국채를 삽니다. 금리는 이들 거래의 접점이 되죠. 시장의 '보이지 않는 손'이 가격이라면, 금융의 '보이지 않는 손'은 금리인 셈입니다.

그렇다면 금리는 어떻게 결정될까요? 많은 사람이 특히 대출금리가 어떤 근거로 정해지는지 궁금할 겁니다. 금융 안에서 흐르는 금리에 대해 알아봅시다.

기준금리에 신용을 더하면
대출금리가 된다

　기준금리가 치솟던 2022년 하반기에 은행의 주택담보대출 금리는 최대 8%대까지 올랐습니다. 대출자 대부분은 이보다 낮은 5~7%대 금리로 대출을 받았겠지만, 2020~2021년과 비교하면 이자 부담이 크게 늘긴 했죠. 은행이 무슨 근거로 대출금리를 올리냐는 볼멘소리가 나올 수밖에 없었습니다.

　당연히 은행도 근거에 따라 대출금리를 산정합니다. 은행에서는 이러한 대출 기준금리에 대출자의 신용도, 대출 기간, 만기 리스크 등을 고려해 최종 대출금리를 결정하고 있죠.

　이 기준금리는 한국은행 금융통화위원회에서 결정하는 기준금리일 수도 있고, CD금리 또는 만기 6개월이나 1년짜리 은행채 금리일 수도 있습니다. 주택담보대출이라면 자금조달비용지수인 코픽스 COFIX가 금리의 기준이 됩니다.

대출금리의 결정적 요소,
기준금리

　기준금리는 여러 뜻으로 통용됩니다. 여기서는 금융통화위원회에서 결정한 정책금리로서 살펴보죠. 기준금리에 따라 가계, 정부, 기업의 씀씀이가 달라지는 만큼 기준금리는 매우 중요합니다.

　기준금리는 대출금리 결정에 있어서도 중요합니다. 기본적으로 기준금리가 오르면 시장금리도 함께 상승합니다. 기준금리 상승에 따라 시중은행이 한국은행에서 자금을 조달할 때 드는 조달금리나

■ **대출금리 및 기준금리 추이**

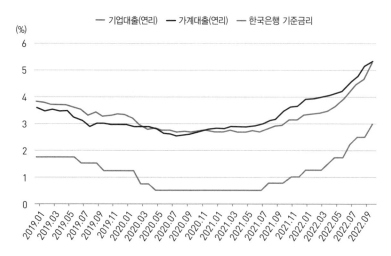

출처: 한국은행 금융통화통계

▶ 기준금리 추이에 따라 기업대출과 가계대출도 함께 움직인다.

CD 또는 은행채 등으로 자금을 조달할 때 드는 채권금리도 함께 오르기 때문입니다. 두 금리는 은행이 대출을 위해 들여오는 자금의 비용이자 기준이며, 따라서 이들 금리가 오르면 대출금리도 당연히 오릅니다. 은행은 이러한 비용에 다른 비용들을 더해 대출금리를 산정합니다.

시장금리가 오르면 예금금리도 따라서 오릅니다. 예금금리를 시장금리 상승에 맞춰 적절히 올리지 않으면 은행의 예금 잔고가 빠져나갈 수 있고, 그에 따라 대출에 쓸 돈이 부족해질 수 있기 때문입니다. 이러한 돈을 붙잡기 위해서라도 은행은 예금금리에 따라 대출금리도 함께 올립니다.

실제로 2020년 5월 기준금리가 0.5%까지 떨어지자 예금금리와 대출금리가 빠르게 하락했습니다. 2020년 하반기에 고신용자는 1% 후반대 신용대출까지 받을 수 있었고 주택담보대출 금리는 3%대까지 다다랐습니다. 하지만 2022년 하반기에 기준금리가 상승하자 예금금리와 대출금리는 물론 주택담보대출과 신용대출 금리도 덩달아 올랐죠.

대출금리를
결정하는 요소들

은행이 대출금리를 결정할 때 고려하는 여러 금리를 자세히 살펴보겠습니다. 대출금리의 기준이 되는 금리로는 코픽스, CD, 은행채 금리 등이 있습니다. 은행이 대출에 필요한 자금을 마련하는 조달 창구이기도 합니다. 쉽게 말해 대출 원가인 셈이죠. 은행연합회에서는 이를 두고 '대출 기준금리'라고 부릅니다. 대출금리가 왜 올랐는지 묻는 고객에게 은행은 대출 기준금리가 올랐으니 대출금리도 오른다고 말할 수 있는 것이죠. 달리 말하면 공산품 판매 기업에서 원가가 올랐으니 물건 값을 올리겠다고 말하는 것과 같습니다.

은행연합회에서는 대출 기준금리를 "변동금리대출의 대출금리 변동 시 기준이 되는 금리"로 정의합니다. 대표적인 대출 기준금리인 코픽스는 은행연합회가 국내 주요 8개 은행의 자금 조달 정보를 산출한 자금조달비용지수를 일컫습니다.

코픽스에는 예금금리, CD금리, 금융채 금리 등이 포함되어 있습니다. 은행은 이들 금리마다 가중치를 둬서 코픽스를 계산하지만, 대출에 쓰는 자금 대부분(70~80%)을 예금에서 조달합니다. 따라서 코픽스도 웬만하면 예금금리를 따라갑니다. 매달 집계하는 은행 예금 이자의 가중평균과 비교해도 큰 차이가 없을 정도죠.

대출 기준금리와 비슷한 개념으로 '자금조달 금리'라는 것도 있습니다. 이는 대출에 필요한 자금을 은행이 시장에서 조달하는 시점에 내야 하는 비용을 뜻하며, 은행 입장이 전적으로 반영된 금리라고 보면 됩니다.

■ 은행권 순수 저축성 예금금리(가중평균)와 신규 취급액 기준 코픽스

	순수 저축성 예금금리(%)	신규 취급액 기준 코픽스(%)
2020년 1월	1.53	1.54
2월	1.43	1.43
3월	1.27	1.26
4월	1.22	1.2
5월	1.07	1.06
6월	0.88	0.89
7월	0.81	0.81
8월	0.8	0.8
9월	0.87	0.88
10월	0.87	0.87
11월	0.89	0.9
12월	0.9	0.9
2021년 1월	0.85	0.86

출처: 한국은행

▶ 한국은행이 집계한 두 지표의 차이는 0.01%p 정도다. 이는 코픽스가 사실상 예금금리임을 뜻한다.

가산금리는
상황에 따라 달라진다

대출 기준금리, 자금조달 금리가 원가 개념이라면 가산금리는 중간 마진 개념입니다. 가산금리에는 리스크 프리미엄, 유동성 프리미엄, 신용 프리미엄, 자본비용, 업무원가, 법적비용, 목표이익률, 가감조정 전결금리 등이 포함됩니다. 은행연합회에서는 가산금리에 포함되는 이러한 요소를 다음과 같이 정의합니다.

- **리스크 프리미엄:** 자금조달 금리와 대출 기준금리의 차이 등
- **유동성 프리미엄:** 자금 재조달의 불확실성에 따른 유동성 리스크 관리비용 등
- **신용 프리미엄:** 고객의 신용등급, 담보 종류 등에 따른 평균 예상 손실비용 등
- **자본비용:** 예상치 못한 손실에 대비해 보유해야 하는 필요자본의 기회비용 등
- **업무원가:** 대출 취급에 따른 은행 인건비·전산처리비용 등
- **법적비용:** 보증기관 출연료와 교육세 등 각종 세금
- **목표이익률:** 은행이 부과하는 마진율
- **가감조정 전결금리:** 부수거래 감면금리, 은행 본부·영업점장 전결 조정 금리 등

자세히 살펴보자면, 리스크 프리미엄은 금리 변동에 따라 은행이 볼 수 있는 손해로 정의할 수 있습니다. 만약 대출 당시에 대출 기준금리가 1.5%이고 몇 달 후 4%로 올랐다면 은행 입장에서는 2.5%p 차이로 돈 벌 기회를 잃는 셈입니다. 이런 위험에 대비한 게 리스크

■ 모범규준에 따른 대출금리 결정 체계

① 대출 기준금리	⊕ ② 가산금리										= ③ 최종 금리
	리스크 프리미엄	유동성 프리미엄	신용 프리미엄	자본 비용	업무 원가	법적 비용	목표 이익률	부수 거래 감면	본부 조정	영업 점장 전결 조정	

자금조달 금리	⊕ 리스크관리비용 등 원가	⊕ 마진	⊕ ⊖ 가감조정 전결금리	= 최종 금리

출처: 은행연합회

▶ 대출 기준금리에 가산금리를 더해서 최종금리가 결정된다.

프리미엄입니다.

유동성 프리미엄은 은행이 다시 자금을 조달할 때 겪을 수 있는 불확실성을 대비한 금리입니다. 리스크 프리미엄처럼 은행의 미래 손실을 대비한 것이죠. 여기에 대출자의 신용에 따른 예상 손실 비용을 뜻하는 신용 프리미엄과 업무원가, 법적비용, 목표이익률 등이 붙습니다. 가감조정 전결금리는 은행 본부장이나 영업지점장이 조정할 수 있는 여분의 금리를 뜻합니다.

신용대출은 단기 대출, 주택담보대출은 장기 대출

　개인 고객은 은행에서 크게 두 가지 대출을 받습니다. 먼저 신용 대출입니다. 담보 없이 받는 대출로 고객의 신용점수와 은행 거래 이력을 토대로 대출 여부와 금리 수준이 결정됩니다. 다른 하나는 주택담보대출입니다. 주택담보대출의 실행 여부에는 신용점수도 영향을 끼치지만, 주요 변수는 주택이라는 담보물의 가치입니다. 보 통은 만기와 상관없이 신용대출 금리가 주택담보대출 금리보다 높 습니다. 그만큼 담보물 유무가 금리를 크게 좌우하죠.

　참고로 두 대출 모두 은행 여신 계정에서는 '가계대출'로 묶입니 다. 국민 생활과 밀접하게 관련되어 있고 내수 경기와도 직결되어 정부에서 관심을 갖고 지켜보는 대출 계정이기도 합니다. 가계대출 이 급속하게 늘어난다 싶으면 정부는 시중은행에 가계대출을 관리 하라면서 압박합니다. 혹시라도 부실화될까 우려하는 것이죠.

신용대출과 주택담보대출은
기준이 다르다

신용대출과 주택담보대출은 기준이 되는 금리가 서로 다릅니다. 기본적으로 신용대출은 만기가 대부분 1년 이하이고, 주택담보대출은 만기가 최소 10년 이상이기 때문입니다.

따라서 신용대출의 기준금리는 은행이 발행하는 단기채 중 은행채 6개월물이나 1년물의 금리가 됩니다. 경우에 따라 CD금리가 기준금리가 되기도 합니다. 예컨대 신용대출을 만기 1년으로 받았다고 하면, 대출 기준금리는 당시 은행의 신용대출 1년물 금리에서 가산금리가 붙는 식입니다.

시중은행에서 받는 주택담보대출은 코픽스를 기준금리로 삼습니다. 코픽스가 은행권 예금금리와 다름없을 정도로 움직이다 보니, 예금금리가 사실상 주택담보대출의 기준금리가 되는 셈입니다.

코픽스는 '신규 취급액 기준'과 '잔액 기준'으로 크게 두 가지로 나눌 수 있습니다. 신규 취급액 기준은 주택담보대출을 새로 받는 대출자에게 적용되고, 잔액 기준은 기존 주택담보내출 대출자에게 적용되는 금리입니다. 국내 은행권의 주택담보대출이 대부분 변동형이고, 3~6개월 단위로 기준금리가 바뀌다 보니 잔액 기준 지표가 따로 있는 것이죠.

물론 은행에서도 고정형 금리 상품을 주택담보대출로 제공하기도 합니다. 다만 이때는 '하이브리드형'에 가깝습니다. 즉 만기일까지 중간 또는 일정 기간마다 금리가 조정되는 방식입니다. 예컨대 은행권 고정형 금리 주택담보대출은 5년물 은행채 금리를 기준으로 하는데, 이 채권의 만기가 끝나는 5년에 다시 금리를 정합니다. 이때 5년물 은행채 금리가 기준이 됩니다.

신용대출 금리가 더 쌀 때도 있다

보통은 신용대출 금리가 주택담보대출 금리보다 높고, 대출을 받기 위한 문턱도 높은 편입니다. 은행권에서 신용대출을 쉽게 받으려면 예전 신용등급 기준으론 2등급 이상, 신용점수로는 800점 이상이어야 합니다(그 이하 점수라고 해서 대출받지 못하는 건 아니지만 쉽지 않은 편입니다).

반면 주택담보대출은 신용점수 400점 이하인 중하위 신용자도 담보만 확실하다면 받을 수 있습니다. 그만큼 담보물이 은행 대출금리 산정에 중요한 역할을 합니다.

앞서 말했듯이 신용대출 금리는 주택담보대출 금리보다 전반적으로 높지만, 일부 상품군에서는 신용대출 금리가 더 낮은 경우가 생기기도 합니다. 예컨대 일부 은행에서 고신용자에게 1% 후반대 신용대출을 해주면서 주택담보대출에는 2% 중반대 금리를 적용하는 식입니다.

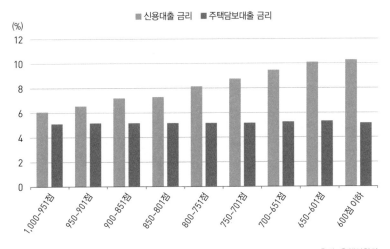

■ 신용점수별 KB국민은행 가계대출 평균금리(2022년 11월 기준)

■ 신용대출 금리　■ 주택담보대출 금리

출처: 은행연합회

▶ 주택담보대출의 경우 신용점수 1등급과 9등급의 금리 차이가 크지 않다.

이 같은 현상은 장기채와 단기채 성격에서 비롯된다고 볼 수 있습니다. 시장금리의 변화 속도에 장기채보다 단기채가 더 민감하게 반응하기 때문입니다.

특히 기준금리가 급변할 때 신용대출 금리도 빠르게 변합니다. 대표적인 예가 한국은행 기준금리가 0.5%로 유지되던 2020년 하반기입니다. 이때도 일부 고신용자의 신용대출 금리가 주택담보대출 금리보다 낮았습니다.

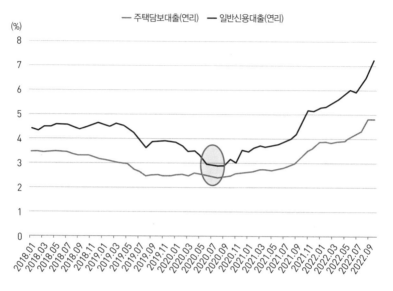

■ 은행권 주택담보대출 금리와 일반신용대출 금리 추이

— 주택담보대출(연리)   — 일반신용대출(연리)

출처: 한국은행 통화금융통계

▶ 원으로 표시한 2020년 6~9월은 주택담보대출 금리와 신용대출금리 격차가 0.5%p 이내로
  좁혀졌다. 이때 주택담보대출과 신용대출의 금리 역전 현상이 자주 목격되었다.

국가 정책도
금리에 소폭 영향을 준다

  기준금리가 0.5%로 유지되고 시장 내 단기 금리도 비교적 안정적
이던 2020년 말에 신용대출 금리가 소폭 올랐습니다. 장기 금리도
상승세를 보였지만 대출금리에 바로 영향을 줄 정도는 아니었죠.

무슨 이유였을까요? 2020년과 2021년 가계부채가 크게 늘면서 정부가 '대출 옥죄기'에 들어갔기 때문입니다. 부동산, 주식, 코인 등의 자산 시장 급등에 우려의 목소리를 내던 정부는 은행 대출의 상당 부분이 이들 시장으로 흘러간다고 봤습니다. 그래서 은행에 주택담보대출을 비롯해 신용대출을 규제하도록 했습니다.

신용대출을 옥죈다면 이런 식입니다. 금융통화위원회 등 금융당국은 은행별로 신용대출 잔액 증가분을 금융당국에 보고하도록 하고, 틈틈이 은행 여신 담당자를 불러 계속 주의를 줍니다. 그에 따라 시중은행들은 가산금리 중 일부 금리를 폐지하고, 대출을 내주지 않는 식으로 제한을 걸었습니다. 결과적으로 신용대출 금리가 일부 상승하게 되었죠.

진정한 고정금리대출인 보금자리론

2022년 연준이 기준금리를 급격히 인상하자 한국은행도 그에 따라 금리를 인상하면서 대출금리도 크게 상승했습니다. 기준이 되는 금리 지표도 많이 오르면서 신용점수가 낮은 대출자는 은행권에서도 10% 가까운 대출금리를 감내해야 했습니다. 일부 은행의 주택담보대출 금리는 7% 벽을 넘기도 했습니다. 무리한 대출로 집을 산 사람들에게는 악몽과 같은 해였죠.

이 와중에도 '고정금리대출'을 받은 사람들은 가슴을 쓸어내렸습니다. 특히 주택담보대출이라면 한국주택금융공사에서 제공하는 '보금자리론'을 들 수 있습니다. 물론 보금자리론은 정부 주도로 만든 서민 주거 안정 목적의 대출 상품이다 보니 제한은 있습니다. 대출 가능 대상은 부부 기준 무주택자이거나 주택 처분 예정인 1주택자이며, 부부 합산 연 소득이 7,000만 원 이하(단, 2자녀 가구는 9,000만 원 이하)이면서 구매할 주택이 6억 원 이하여야 합니다.

보금자리론으로 주택담보대출을 받은 대출자는 최대 30년까지 고정금리가 적용됩니다. 예컨대 2019년에 2.3% 금리로 20년 만기 주택담보대출을 받았다면, 만기일까지 2.3% 금리가 유지되는 식입니다. 아무리 서민을 위한 대출 상품이라고 해도, 주택금융공사는 어떻게 보금자리론 금리를 만기일까지 고정할 수 있을까요? 은행들은 그렇게 하지 않는데 말입니다.

정답은 주택저당증권, 즉 MBS에 있습니다. 앞서 언급한 대로 주택금융공사는 각각의 대출채권을 묶어 커다란 규모의 MBS를 만들어 팝니다. 시장에 팔고 나면 금리 변동에 따른 리스크는 주택금융공사가 아닌 채권 매수자들이 지게 되죠. 채권 매수자는 국민연금과 같은 기관 투자자들입니다.

예금금리,
은행 마음대로?

    은행 예금은 지금도 중요한 재테크 수단입니다. 특히 사회 초년 생처럼 종잣돈을 모아야 하는 사람에게 예금은 재테크의 시작점이 자 필수 코스입니다.

    예금은 자산가에게도 주요 자산 포트폴리오 중 하나입니다. 원금 손실 가능성이 없다는 것이 큰 이점이죠. 금리가 상승하던 2022년 에 자산가들은 은행 예금으로 자금을 옮겨 금리 차익을 맛보기도 했 습니다. 2022년 초 1%를 겨우 넘었던 예금금리가 2022년 말 4%내 까지 올랐고 주식과 부동산 시장이 전반적으로 침체를 겪고 있다는 점을 고려하면 나쁘지 않은 성과입니다.

    1980~1990년대와 비교하면 요새 금리는 실망스럽긴 합니다. 은 행 예적금 외에 주식과 펀드 등 재테크 수단도 많아지면서 과거와 비교하면 예금의 위상이 떨어지긴 했죠. 예금 수익률이 낮아진 탓에

요새 사회 초년생들은 코인이나 주식 등 수익률 높은 위험 자산을 더 선호하는 분위기입니다.

예금은 은행에게 '빚'이다

예금은 고객이 은행에 돈을 한 번에 맡겨서 저축하는 것을 말합니다. 예금은 돈을 보관하는 기간과 방식에 따라 보통예금(또는 수시입출금, 요구불예금)과 정기예금으로 구분할 수 있습니다.

보통예금은 '요구불예금'이라고도 불립니다. 이자는 연 0.1% 정도로 적지만 언제든 빼고 넣으면서 지갑처럼 쓸 수 있죠. 보통예금까지 '현금성 자산'으로 분류되기도 합니다. 정기예금은 예금자가 6개월이나 1년 정도 은행이 돈을 쓸 수 있게 맡겨놓는 금융상품입니다. 은행은 이 돈을 갖고 대출을 내주고 이자의 일부를 예금자에게 나눠줍니다.

적금은 정해진 돈을 여러 번 걸쳐 납입하고 만기일에 찾는 저축 방식입니다. 비교적 소액을 모아 목돈을 만들 수 있어 과거에는 서민이 자산을 늘리는 대표 수단이었습니다. 적금은 크게 자유적금, 정기적금, 부금으로 나뉩니다. 정기적금은 정해진 날짜에 정해진 금액을 입금하는 적금이고, 자유적금은 정해진 금액 없이 자유롭게 돈을 넣을 수 있습니다.

■ 예금과 적금 비교

예금	**보통예금**	보관 금액과 기간의 제한이 없어요. 언제든 입금과 출금이 가능하죠. 체크카드와 연결해 사용하는 입출금통장이 보통예금이에요.
	정기예금	정해진 금액을 일정 기간 맡겼다 다시 찾아가는 방식의 예금이에요. 예를 들어 100만 원을 1년간 은행에 맡기면 1년 후에 '100만 원 +이자'를 받을 수 있어요. 보통예금과 달리 약속한 기간이 끝날 때까지는 출금할 수 없습니다. 해약은 가능하나 약속된 이자를 받지 못하는 것이죠.
적금	**정기적금**	정해진 기간에 일정 금액을 내는 방식의 적금이에요. 만기 전에 출금할 수 없고, 만기일이 되면 약정한 금액을 받을 수 있어요.
	자유적금	정해진 금액 없이 자유롭게 적립할 수 있어요.
	부금	정기적금과 비슷해요. 단, 일정 회차 이상 납입하면 일정 금액을 빌릴 수 있는 권리가 생겨요.

출처: 카카오뱅크 '금융위키'(www.kakaobank.com/bank-story/99)

'예금 기준금리'란 없다

예금 이자율도 기준금리가 오르면 같이 오릅니다. 대출처럼 기준금리와 추세를 같이한다고 볼 수 있죠. 그렇지만 대출처럼 공개적으로 기준으로 삼는 금리는 없습니다. 은행마다 제각각 설정한다고 보면 됩니다. 은행 입장에서는 예금 이자가 지급해야 할 이자 비용이자 지출이기 때문에, 가능하면 예금금리 부담을 줄이려 뚜렷한 기준을 마련하지 않는 것입니다.

따라서 은행은 수신 상황이나 정부 규제(대출이 늘어난 만큼 예금도 늘리라는 식)에 따라 금리를 설정한다고 보면 됩니다. 예금 이자율을 최대한 낮춰 은행이 얻을 수 있는 마진을 키우려 하죠.

실제 은행들이 내놓는 예금 상품의 금리를 보면 '욕 먹지 않을 정도 수준'의 금리를 유지합니다. 대형 은행일수록 이 같은 경향이 강하죠. 신용도가 높아 채권 시장 등에서 자금을 조달할 수 있고 가만히 앉아 있어도 시중 자금이 몰려오기 때문입니다.

이런 맥락에서 기준금리와 예금 이자율은 '기준금리가 올라야 예금금리도 따라 오른다'는 상관관계를 띠고 있습니다. 기준금리가 일반인도 쉽게 접할 수 있는 '공개된 금리'인 이유도 있지만, 이 금리가

■ **예금은행의 기준금리에 따른 정기예금 추이**

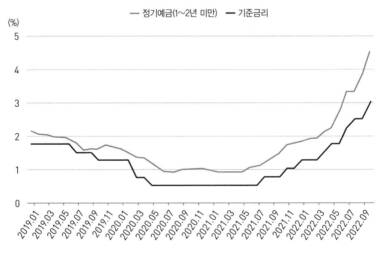

출처: 한국은행 경제통계국 금융통계팀

오르면 금융상품들의 금리가 일제히 올라가기 때문입니다. 은행에 입금되어야 할 돈이 증권사 CMA 계좌로 가는 것이죠. 수신 경쟁에서 자칫 뒤처질 수 있기 때문에, 기준금리가 오르면 은행은 마지못해 예금금리를 올리는 편입니다.

은행의 예금금리를 자극하는 다른 한 가지는 '다른 은행과의 경쟁'입니다. 이를 두고 경쟁금리라고 하는데, 은행끼리 수신을 더 받기 위해 경쟁하는 것이죠. 예컨대 대출 수요가 늘어나고 있을 때는 경쟁 은행보다 더 많은 자금을 확보해 대출을 내줘야 합니다. 즉 예금금리를 올려야 하죠. 특히 대형 은행보다 인지도가 낮거나 수신 확보가 어려운 은행일수록 높은 예금금리를 무기 삼아 예금 확보에 나섭니다.

실제로 제3인터넷전문은행인 토스뱅크는 2021년 은행업을 시작하면서 예금 모집을 위해 2% 기본금리를 제공한다고 밝혔습니다. 당시 한국은행 기준금리는 0.75%이고 시중은행 대부분의 정기예금 금리는 1%였습니다. 그나마 세금을 떼면 0.8~0.9% 수준이었죠. 토스뱅크의 대출 전략이 '중저신용자에게 중금리대출을 제공해 높은 이자 수익을 거두자'라는 것이었지만 자칫하면 손해를 볼 수 있는 결정이었습니다.

실제로 토스뱅크 내부에서는 몰려드는 예금에 식은땀을 흘릴 정도였다고 합니다. 대출이 늘어나는 속도보다 '이자를 지급해야 할' 예금의 증가 속도가 빨랐기 때문입니다. 몇몇 우려가 있었지만 토스뱅크는 2% 통장을 무기로 사용자를 늘려 나갔습니다.

적금 이자, 실제로는
예금 이자의 '절반'

정기예금과 정기적금은 이자 산정 방식이 다릅니다. 정기예금은 비교적 계산하기 쉽습니다. 1년 만기 연 이자율이 10%라면 세전 기준 딱 10%의 이자를 받게 됩니다. 세후까지 고려한다면 고객이 받게 될 이자에서 소득세(14%)와 지방소득세(1.4%)를 가산한 15.4%를 원천징수 항목으로 빼면 됩니다.

그러나 적금은 계산하기가 좀 더 어렵습니다. 12개월 정기적금에 가입했다면, 첫 달 납입한 금액에 대해서만 12개월간 10%의 이자가 붙습니다. 다음 달은 내가 받아야 할 이자의 11개월분(10%×11/12)이 됩니다. 적금 이자율이 10%인 정기적금에 12개월 동안 매월 100만 원씩 납입한다고 가정해봅시다.

> 1회 차 납입금액의 이자: 100만 원×0.1×12/12
>
> 2회 차 납입금액의 이자: 100만 원×0.1×11/12
>
> ...
>
> 11회 차 납입금액의 이자: 100만 원×0.1×2/12
>
> 12회 차 납입금액의 이자: 100만 원×0.1×1/12

이를 환산해 이자를 계산하면 받을 수 있는 이자는 세전 기준 64만 원입니다. 즉 저축한 1,200만 원의 이자가 64만 원이 되는 것이죠. 만약 이 1,200만 원을 정기예금에 넣고 10% 이자를 받는다고 가정하면 세전 기준 120만 원의 이자를 기대할 수 있습니다. 적금 이자가 같은 기간 예금의 절반을 조금 넘는 수준입니다.

적금과 예금의 차이는 한마디로 이렇게 정리할 수 있습니다. 적금은 서민이 목돈을 만들고자 푼푼이 저축하는 수단이고, 예금은 목돈을 보관하면서 이자 수익까지 볼 수 있는 수단입니다.

TIP 주거래은행을 적극 활용하자

예금금리를 조금이라도 높이고, 대출에서 금리를 낮추려면 주거래은행을 정해서 거래를 이어가는 것이 중요합니다. 은행도 기존 이용자의 꾸준한 이용을 위해 여러 혜택을 줍니다. 그중 하나가 우대금리입니다.

주거래은행은 '자주 쓰는 은행'을 뜻하기도 하지만, '월급 통장을 개설하고 해당 은행 계열의 신용카드를 사용하면서 대출이나 보험까지 써주는 은행'이라는 성격이 강합니다. 따라서 여러 은행에 예금을 분산하고 각각 다른 카드를 쓰는 것보다 하나의 금융 그룹에서 제공하는 금융 서비스를 이용하는 게 유리할 수 있습니다.

신용점수 관리,
소홀히 하면 큰일난다

　은행 창구에서 대출 실행 여부를 결정짓는 가장 큰 요인은 아마도 신용점수일 겁니다. 신용점수가 낮다면 신용대출은 물론 큰 규모의 주택담보대출도 어려울 수 있습니다. 결혼, 이사와 같은 굵직한 일을 앞두고 있다면 난감해질 수 있죠.

　신용점수는 '내가 갖고 있는 신용도'를 1,000점 만점으로 점수를 매긴 것입니다. 2019년 상반기까지는 10개 신용등급으로 신용도를 구분했지만, 더욱 세분화되어야 한다는 요구에 따라 1,000점 만점으로 바뀌었죠.

　우리나라에서는 두 개인신용평가회사CB가 각각 개인의 신용점수를 환산하고 있습니다. 은행에서 빌린 돈이나 카드 할부금 또는 전화요금을 밀리지 않고 잘 갚았는지가 데이터화되어 신용점수로 연결됩니다.

따라서 평소 미루지 않고 잘 갚는 습관이 무엇보다 중요합니다. 하루 이틀 정도는 큰 문제가 되지 않겠지만, 장기간 계속되면 소액이라도 신용점수에 치명적일 수 있습니다. 장차 큰돈이 필요할 때 악재가 될 수 있죠.

신용점수는 은행 대출에 절대적이다

은행은 대출 여부를 결정하기 전에 신용 리스크를 우선 살펴봅니다. 즉 대출자가 '돈을 갚지 않을 가능성'에 주목하죠. 이를 위해 객관화된 지표가 필요한데, 그것이 바로 신용평가사들이 집계한 신용점수입니다. 은행은 이를 근거로 대출 신청자의 자산 규모, 소득 여부, 담보 유무 등을 판단하고 대출을 승인하게 됩니다. 신용점수가 낮은 사람이라면 더 높은 금리를 요구하고, 때에 따라 대출을 아예 거부할 수도 있죠.

다음은 주요 시중은행의 신용점수별 신용대출금리표이며, 평균금리와 평균신용점수도 포함되어 있습니다. 이에 따르면 900점 이상인 신용자(기존 1~2등급 신용자)는 6%대 금리로 신용대출을 받을 수 있습니다. 반면 900점 밑으로는 7% 이상의 금리를 부담해야 합니다. 중하위 신용자라고 할 수 있는 650점 미만 신용자의 금리는 10%가 넘습니다.

신용점수	신용대출금리(%)			
	KB국민은행	신한은행	우리은행	하나은행
1,000~951점	6.11	6.54	6.16	6.53
950~901점	6.58	6.76	6.49	6.84
900~851점	7.23	7.13	7.01	7.31
850~801점	7.3	7.55	7.45	8.02
800~751점	8.14	7.84	7.71	8.2
750~701점	8.76	8.41	8.29	8.67
700~651점	9.49	9.31	8.89	9.41
650~601점	10.13	10.11	9.55	9.73
600점 이하	10.29	11.73	10.72	10.01
평균금리	6.87	7	6.67	7.3
평균신용점수	901	906.68	915.42	886
CB회사명	KCB	KCB	KCB	KCB

출처: 은행연합회

다음은 금리별로 얼마나 많은 사람이 대출을 받는지에 대한 비중입니다. 대부분 6~7%, 즉 900점 이상의 신용자가 신용대출을 받는 구간에 몰려 있습니다. 당연히 900점 이상 신용자가 전체 신용자의 약 40%에 이르는 만큼 비중이 높을 수밖에 없죠. 하위 신용자는 신

■ 금리별 시중은행 신용대출자 비중(2022년 11월 기준)

대출금리	신용대출자 비중(%)			
	KB국민은행	신한은행	우리은행	하나은행
4% 미만	2.6	–	–	0.8
4~5% 미만	15.8	–	0.7	1.5
5~6% 미만	14	16.1	31.2	7.6
6~7% 미만	25.5	45.4	37.8	51.1
7~8% 미만	18.1	22.7	15.4	6.7
8~9% 미만	11	6.5	8.5	10.1
9~10% 미만	3.5	6	3.7	18.7
10% 이상	9.5	3.3	2.7	3.5
합계	100	100	100	100
평균금리	6.87	7	6.67	7.3

출처: 은행연합회

용대출을 받기 매우 어렵다는 뜻으로도 해석할 수 있습니다.

만약 하위 신용자가 은행에서 대출을 받았다면, 대부분 정부 기관에서 보증해준 정책 자금 대출일 것입니다. 즉 순수 본인의 신용만으로는 하위 신용자가 은행에서 신용대출을 받는 건 거의 불가능에 가깝습니다.

거래 기록이 곧
신용정보가 된다

대학을 막 졸업한 사회 초년생의 신용점수는 대체로 낮은 편입니다. 예전 신용등급으로 치면 5~6등급의 중위 신용자로 소득원이 있을 때만 신용카드를 발급받을 수 있죠.

사회 초년생들의 신용점수가 낮을 수밖에 없는 것은 금융 거래 이력이 별로 없기 때문입니다. 예를 들어 본인 명의의 신용·체크카드를 쓴 이력이나 대출을 받아 성실하게 상환한 기록 등이죠. 은행 입장에서는 사회 초년생의 신용도를 파악할 만한 자료가 부족해서, 이들을 신 파일러thin filer라고 부르기도 합니다.

무엇이든 첫 출발이 중요한데, 특히 사회 초년생이라면 (대출을 받은 경우) 대출금을 밀리지 않고 성실하게 갚아야 합니다. 학자금 대출을 받은 경우에도 우선 갚아서 연체되지 않도록 해야 합니다.

덧붙여 은행에서 발급받은 체크카드나 신용카드 사용 이력을 많이 남겨놓으면 신용점수를 올리는 데 도움이 됩니다. 카드를 월 30만 원씩 6~12개월 이상 꾸준히 쓰면 신용점수가 올라갑니다. 또한 주거래은행을 정해서 급여 계좌를 등록하고 공과금 등을 납입하는 것도 도움이 됩니다. 거래 실적이 쌓이면 해당 은행에서 대출을 받을 때 수수료 면제나 우대금리 같은 혜택을 받을 수 있습니다.

사소하지만 꼭 지켜야 할 부분은 더 있습니다. 신용카드 대금이나 통신요금 등 공과금 납부도 잊지 않아야 합니다. 특히 신용카드

■ 연체 기록 등록 기준

연체금액	연체일수	연체건수	신용점수 영향	연체 기록 공유
10만 원 미만	–	–	–	–
10만 원 이상	5일 이상	1건	–	연체 기간 동안 신용평가 회사 및 금융권 공유
		2건	신용점수 하락	변제 후 3년간 기록
30만 원 이상	30일 이상	1건	신용점수 하락	변제 후 1년간 기록
100만 원 이상	90일 이상	1건	신용점수 크게 하락	변제 후 5년간 기록

출처: 카드고릴라(www.card-gorilla.com)

▶ 10만 원의 소액이라도 5일 이상 연체되면 연체 기록이 남을 수 있다.

대금은 연체 기간에 따라 신용점수가 크게 깎입니다. 10만 원 이하로 하루 정도 밀리는 것은 실수로 봐주지만, 5일 이상 연체되면 그 정보가 기록되고 다른 카드사와도 공유됩니다. 연체 기간이 석 달을 넘어가면 최악의 경우 신용불량자로 등록될 수도 있습니다. 즉 모든 금융 거래가 불가능해지는 것이죠.

흔히 잊는 게 핸드폰 요금입니다. 만약 단말기 할부금까지 포함되었는데 연체된다면 신용점수에 악영향을 끼칠 수 있습니다. 신용카드로 비싼 가전제품을 사고 돈을 갚지 않은 경우로 보면 됩니다. 또한 국세, 지방세, 과태료 등의 세금은 500만 원 이상 연체되거나 1년에 3건 이상 연체되면 연체일수에 상관없이 신용점수가 하락합니다. 변제했더라도 연체 기록은 5년간 보관됩니다.

다양해진
신용평가 기준

앞서 간단히 말했듯 국내에서 개인의 신용평가를 산정하는 기관은 두 곳으로, KCB올크레딧과 NICE지키미입니다. KCB올크레딧은 통신요금 납부 내역처럼 개인이 제출한 '성실 납부 정보'를 신용점수에 환산해 반영하지만, NICE지키미는 금융사 간 거래 내역에 집중합니다.

이를 참고해 은행들은 대출자의 신용평가를 진행합니다. 여기에 각자의 '신용평점 시스템CSS'을 혼합하기도 하죠. 인터넷전문은행 같은 신생 은행이나 핀테크 업체들이 특히 이 CSS를 활용합니다.

인터넷전문은행과 핀테크 업체는 사용자의 인터넷 또는 온라인 사용 이력을 데이터화해 그 사람의 신용도를 평가합니다. 예컨대 신용점수가 낮은 중저신용자라고 해도, 이 사람이 운영하고 있는 매장의 매상이 꾸준히 증가하거나 온라인 쇼핑몰 방문자 수가 늘어나면 가산점을 주는 식입니다.

신용점수가 오르면 금리인하권을 요구하자

신용점수가 올랐는데 예전과 같이 대출 이자를 내고 있다면 금융사에 연락해 금리를 낮춰달라고 요구할 수 있습니다. 이를 '금리인하요구권'이라고 합니다. 은행법 제30조 2항에 따르면 대출 등을 이용하는 소비자의 신용 상태가 개선 (재산 증가, 신용평점 상승 등)된 경우 금융회사에 금리 인하를 요구할 수 있는 권리가 있습니다. 물론 대출 계약 시 금융사는 대출자에게 금리 인하 요구를 할 수 있다고 안내해야 합니다. 소비자가 금리인하권을 요구하면 금융사는 10영업 일 내에 수용 여부 및 사유를 통지해야 하죠. 만약 금융사가 정당한 사유 없이 금리 인하 요구를 거절하거나 지연하면 금융소비자법에 따라 불공정 행위로 과 징금과 과태료 부과 대상이 됩니다.

금리 인하 신청에 대한 수용 비율은 절반을 밑돕니다. '대한민국 정책 브리핑' 자료에 따르면 2017년 20만 건이던 신청 건수는 2020년 91만 건으로 4.5배 증 가했고, 같은 기간 수용 건수는 12만 건에서 34만 건으로 2.8배 증가했습니다. 생각보다 많은 사람이 신용점수 상승 등에 따른 금리 인하를 금융사에 요구하 고 있습니다.

금리 절벽을 메우는 중금리대출

신용점수가 낮다는 이유만으로 은행에서 대출을 받지 못하면 어떻게 해야 할까요? 제2금융권을 이용해야 합니다. 대표적으로 저축은행, 신용협동기구, 여신금융사 등이 있죠.

제2금융권은 제1금융권인 은행 대출에 비해 대출 이자 부담이 상당히 큰 편입니다. 신용점수의 하락 폭도 상대적으로 더 크죠. 신용점수가 낮아 어쩔 수 없이 제2금융권 대출을 받는데, 신용점수가 더 깎인다면 제2금융권 대출을 전전할 수밖에 없을 겁니다.

중금리대출은 이 같은 악순환에 빠지지 않도록 긍정적인 효과를 냅니다. 중저신용자의 자립을 도와 제1금융권 대출까지 가능하도록 도와주는 역할을 하죠. 사회 안정 측면에서도 중금리대출의 효용성은 높다고 할 수 있습니다. 중금리대출 대상은 주로 신용점수가 하위 50% 이하(KCB 신용점수 기준 850점 이하)인 차주입니다.

생각보다 깊은
금리 절벽

　다음은 국내 모 저축은행의 신용점수별 가계신용대출 금리 자료입니다. 예전 신용등급으로 치면 4~5등급이라고 할 수 있는 701~800점대 중신용자 비중(65.99%)이 가장 높습니다. 이러한 사람들은 담보 없이 은행 대출을 받기 어렵습니다.

■ **국내 모 저축은행의 신용점수별 가계신용대출 금리 수준**

신용점수	900점 초과	801~ 900점	701~ 800점	601~ 700점	501~ 600점	401~ 500점
취급 비중(%)	–	8.86	65.99	23.91	1.24	–
적용 금리(%)	–	15.28~ 19.99	13.79~ 19.99	15.28~ 19.99	16.91~ 19.99	–
평균금리(%)	17.28	18.43	18.95	16.91	–	–

출처: 저축은행중앙회 공시 발췌

　그다음으로 비중이 높은 대출자는 700점 이하 신용자입니다. 701~800점대(65.99%)와 700점 이하(25.15%)를 합하면 저축은행 대출 이용자의 약 90%가 4등급 이하의 중저신용자인 것이죠.
　이들에게 적용되는 금리는 최소 13.79%에서 최고 19.99%에 이릅니다. 평균금리가 18%를 웃돌고 있어, 대출자 대부분은 법정제한 금리 상한선(20%)에 가까운 대출을 받고 있죠. 은행권 신용대출금리가 2022년 11월 기준 6%대임을 감안하면 신용대출 금리의 격차가 매우 큽니다.

이러한 금리 절벽은 금융취약계층을 더 어렵게 만듭니다. 이자 부담이 커지면서 생활이 곤궁해지고, 다시 급전 대출을 받으면서 악순환이 반복되는 것이죠. 신용점수 하락 폭도 더 클 수밖에 없습니다. 급전 대출이고 고금리대출이니까요. 결국 시간이 갈수록 은행 대출과 멀어지게 됩니다.

정부는 사회 안정과 금융취약계층의 자활을 위해 중금리대출 지원을 강화하고 있습니다. 사잇돌대출 등 정책지원자금을 지원하고 인터넷전문은행, P2P금융에 이르기까지 신기술 금융사에 대한 규제 완화도 적극적으로 하고 있습니다. 저축은행이나 캐피탈 등도 중금리대출을 취급하면 인센티브를 부여하고 있죠.

인터넷전문은행, 사실은 중금리대출이 목적

2015년 11월 정부는 케이뱅크와 카카오뱅크에 인터넷전문은행 예비인가를 내줬습니다. 2016년 12월에는 은행 설립을 위한 본인가까지 내주면서 인터넷전문은행은 24년 만에 신규 은행으로 등록되었죠.

정부는 그간 금과옥조로 여긴 '금산분리' 원칙을 다소 완화하면서 IT기업(KT, 카카오)의 인터넷전문은행 설립을 허가했습니다. KT와 카카오에 인터넷은행 소유지분 제한을 걸어두긴 했지만 국내 최초로 산업자본의 은행 소유를 허락했죠.

정부가 KT와 카카오에 인터넷은행 설립을 허가한 데는 중금리대출이 숨어 있기도 합니다. 정부는 인터넷 서비스 운영 역량과 함께 중금리대출을 위한 대안신용평가 시스템 구축을 원했던 것이죠. KT는 한국 대표 통신기업으로 서버, 네트워크, 인터넷 웹사이트 운영 경험이 풍부합니다. 카카오톡을 운영하는 카카오 또한 대안신용평가 시스템 구축에 필요한 데이터를 모을 수 있습니다. 신용점수 평가가 어려운 중저신용자의 신용도를 두 기업이 자체적으로 집계할 수 있는 것입니다.

이 같은 기대에도 불구하고 이들의 초기 영업 방향은 여느 은행과 다르지 않았습니다. 고신용자 신용대출에 여신이 집중되었죠. 고신용자 대출 시장에서 인터넷은행과 경쟁하게 된 기존 은행들은 볼멘소리를 내기도 했습니다.

2020년 이후에서야 카카오뱅크와 케이뱅크는 중금리대출 규모를 늘릴 수 있었습니다. 사업이 본궤도에 안착했고 중금리대출을 위한 신용평가 시스템도 확충한 덕분입니다. 두 은행의 중금리대출 비율은 2022년 말 기준 20%를 넘겼습니다.

양날의 검이 되는
중금리대출

중금리대출은 중하위 신용자에게는 분명 필요하지만, 은행이 짊어져야 할 부담이 만만치 않습니다. 기존 은행들이 집중하던 고신용자와 비교해봤을 때 채무 불이행 가능성이 높기 때문입니다.

실제로 중저신용자 대출이 늘어나자 인터넷전문은행들이 안고 있는 무수익여신(채무 불이행된 대출) 규모가 증가하는 추세입니다. 카카오뱅크의 2022년 상반기 기준 무수익여신 잔액은 711억 원으로 전년동기 대비 210억 원 늘었습니다. 케이뱅크의 무수익여신 잔액 또한 2021년 상반기에는 276억 원이었으나 2022년에는 554억 원으로 100%의 증가율을 기록했죠.

이 때문에 지금의 신용점수와 대안평가 시스템이 더욱 고도화·정교화되어야 한다는 의견이 나오고 있습니다. 업체마다 열심히 개발하고 있지만, 완전한 수준에는 도달하지 못했다는 평가를 받고 있죠.

대환대출도 적극 활용해보자

제2금융권에서 고금리대출을 이미 받았더라도, 더욱 낮은 금리의 대환대출로 갈아타서 이자 부담을 줄이고 신용점수 하락도 막을 수 있습니다. 중신용자라면 제1금융권에서 제공하는 중금리대출을, 중저신용자라면 정부에서 지원하는 사잇돌대출이나 햇살론 등의 중금리대출을 받을 수 있습니다.

먼저 대환대출은 카카오페이, 토스, 핀다 등의 핀테크 앱을 통해 금리 정보를 확인할 수 있습니다. 이러한 대환대출 플랫폼에는 제1금융권 대출과 제2금융권 카드사 또는 저축은행 등의 대출금리가 나와 있고, 즉석에서 내 신용도로 대출이 가능한지도 알아볼 수 있습니다. 실제로 연리 17%의 카드론 대출을 받은 중신용자가 대환대출 플랫폼에서 금리 비교를 하고 지방은행의 4%대 금리로 갈아타기도 했습니다. 이자로만 매월 수십만 원을 아낄 수 있었죠.

중하위 신용자라면 정부에서 지원하는 중금리대출을 이용할 수 있습니다. 대표적인 게 사잇돌대출인데, 연 소득이 2,000만 원 이상인 근로자라면 신청할 수 있습니다. 햇살론이나 새희망홀씨 대출 등도 정부에서 운영하는 대표적인 대환대출 서비스이며, 이들 대출 서비스는 제1금융권 은행에서도 대행하고 있습니다. 은행에서 대출을 받기 때문에 신용점수 하락도 비교적 크지 않죠.

3장

금리와 투자

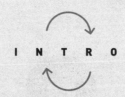

1990년대까지만 해도 많은 직장인이 저축에 힘을 더 쏟았습니다. 매달 월급 일부를 은행 적금에 넣으면서 목돈을 모았죠. 실제로 이때는 재형저축 등 근로자 대상의 저축 상품들이 은행에서 많이 팔렸습니다.

2000년 이후에는 한국의 성장률이 떨어지면서 1990년대 이전처럼 높은 금리를 주는 예적금 상품을 기대하기 힘들어졌습니다. 대신 원금 손실 위험을 안고도 고수익을 추구하는 투자 붐이 일어났죠. 2000년대 주식과 펀드 투자 붐이 그 예입니다. 새롭게 부상한 금융상품이 인기를 끌면서 은행 예적금은 재테크 순위에서 멀어져갔습니다.

비록 금리는 1990년대 이전보다 못하지만, 은행 예적금과 채권의 투자 가치는 결코 떨어지지 않았습니다. 예적금은 현금성 자산으로, 채권은 안정적인 투자 자산으로 인정받고 있죠. 금리가 올라서 예적금 수익률이 나아지면 주식과 부동산 시장에서 예적금으로 돈이 빠져나가기도 합니다. 안전 자산에 대한 선호 심리 때문입니다. 금리가 떨어져 예적금 수익률이 만족스럽지 못하면 부동산과 주식 시장으로 돈이 다시 흘러갑니다.

금리가 상승하면
부동산 시장은 하강한다

부동산 투자에는 보통 목돈이 들어가죠. 많은 사람이 '레버리지'라는 방식으로 대출을 받아 부동산을 매입합니다. 따라서 대출받는 것이 쉬워지면 부동산 매입 수요도 늘어나고, 결과적으로 부동산 경기는 상승하게 됩니다.

반대로 대출받기 어려워지거나 대출 이자율 부담이 커지면 부동산 매입 수요가 줄어듭니다. 공급과 수요의 법칙에 따라 부동산 가격이 하락하면서 부동산 경기도 침체됩니다. 일반적으로 '부동산 경기'라고 하면 '주거용 부동산의 건축 경기'를 의미합니다. 넓게는 공업용·상업용 부동산의 건축 경기, 더 나아가 토지 경기까지 포함됩니다.

그러나 많은 사람이 아파트 가격에만 생각이 머무르며 서울·수도권 아파트 가격이 오르면 '부동산 경기가 좋다', 떨어지면 '부동산 경기가 나쁘다' 식으로 생각하죠. 따라서 여기서는 서울·수도권을 포함한 전국 아파트 가격을 중심으로 설명하겠습니다.

많은 경제학자와 부동산 관련 학과 논문에서도 시중금리는 부동산 경기를 좌우하는 주요 변수로 지목되고 있습니다. 앞으로 살펴보겠지만 2022년 기준금리가 본격적으로 인상되면서 부동산 시장이 가라앉은 게 대표적인 예입니다.

물론 중앙은행의 통화·금리 정책에 부동산 시장이 무조건 결정된다고 볼 수는 없습니다. 이른바 '투심(투자 심리)'이 강하다면 중앙은행의 통화정책과 상관없이 부동산 가격이 오릅니다. 집을 사려는 이유 이면에 '내 재산의 미래 가치가 상승하리라는 기대'가 있기 때문입니다. 집값이 앞으로 오를 것이라고 확신이 선다면, 매입자에게 대출 이자는 큰 문제가 되지 않습니다.

기준금리의 영향을 받은
2020~2022년 부동산 시장

훗날 2020~2022년 아파트 가격 추이는 부동산업계는 물론 경제학계에서도 흥미롭게 다루지 않을까 싶습니다. 전례가 드물 정도로 너무 뜨겁게 올랐다가 빠르게 식었기 때문입니다. 이를 만든 대표적인 요인을 하나 꼽자면 바로 '금리', 특히 '기준금리의 극적 변화'를 들 수 있습니다.

한국은행 기준금리가 0.5%를 유지하던 2020년 5월부터 2021년 8월 전까지 전국 아파트 가격 상승률은 2000년대 상승기를 능가할 정도였습니다. 부동산 투자 열기가 어느 정도였냐 하면, '영끌(영혼까지 끌어모은다)'이라는 신조어가 유행했고, 많은 사람이 아파트를 사기 위해 제2금융권 대출도 마다하지 않았습니다. 때마침 한국은행과 정부는 금융 시장 안정을 위해 금리를 최대한 낮게 유지하는 정책을 펼쳤습니다. 시중금리가 낮아지다 보니 은행과 제2금융권의 금리 격차가 1% 이내로 줄어들 정도였습니다. 2020년 하반기에 주택담보대출 평균금리는 은행권의 경우 2.5%였고, 제2금융권에서는 4%대를 기록했습니다.

아파트 구매 열기가 높아지자 가계대출 규모는 급속히 늘었습니다. 금융당국은 시중은행을 규제하며 가계대출을 옥죄라고 으름장을 냈죠. 그 결과 은행 대출이 일시적으로 줄어들긴 했지만 제2금융권으로 대출이 몰리는 '풍선효과'가 일어났습니다. 집값은 계속해서 올라갔던 것이죠.

2021년 6월 28일 전국 아파트 매매가격지수를 100으로 환산했을 때 2020년 3월 전국 아파트 매매가격지수는 89였습니다. 이 지수는 1년 반 만에 102.6으로 오릅니다. 증가율로 따지면 15.2%로 매월 1% 이상 꼬박꼬박 오른 셈입니다. 이 추세는 2022년 1월까지 이어졌으며, 이때의 매매가격지수는 106.3이었습니다.

기준금리 인상,
아파트 가격에 찬물

아파트 가격은 2022년 초부터 이어진 기준금리 인상으로 찬물을 맞습니다. 연준이 기준금리를 급속히 올리는 동안 한국은행도 기준금리를 올렸기 때문입니다. 한국과 미국의 금리 격차가 커지면 한국에 들어와 있는 해외 자본이 유출될 가능성이 커집니다. 또한 당시

■ **주간 아파트 매매가격지수 증감률**

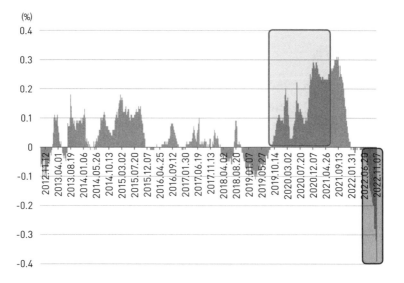

출처: 한국부동산원

▶ 갈색 네모는 기준금리 인하 이후의 전국 아파트 가격 급등기이며, 회색 네모는 기준금리 인상 이후의 전국 아파트 가격 급락기다.

에 물가 상승까지 겹치자 한국은행은 선제적으로 기준금리를 올리게 되었습니다.

중앙은행의 기준금리 인상 속도가 빨라지자 아파트 가격 하락 폭도 커집니다. 2022년 5월 전주 대비 0.01% 떨어지던 전국 아파트 매매가격지수는 2022년 11월 첫 주 0.39% 하락을 기록합니다. 최근 10년을 놓고 봤을 때 가장 큰 수준의 하락 폭입니다.

기준금리 상승에 따라 대출금리는 급등합니다. 2022년 9월 들어 시중은행의 주택담보대출금리 최상단(최고점)이 최대 7%대까지 올랐고, 제2금융권 금리는 10%를 넘었습니다. 2년 사이 대출자가 부

■ **시중은행 주택담보대출 금리 최상단**

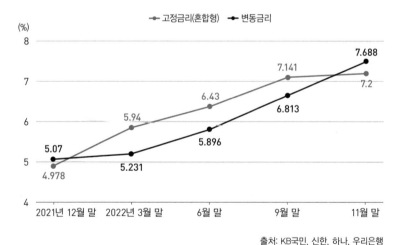

출처: KB국민, 신한, 하나, 우리은행

▶ 시중은행의 주택담보대출금리 최상단은 2021년 12월 말 5%대에서 2022년 11월 말 7%대로 상승한다.

담해야 하는 이자가 2배 이상 증가한 셈이죠.

부동산 경기 하강은 저축은행에도 직접적인 타격을 줍니다. 부동산 PF(프로젝트파이낸싱)가 줄줄이 중단되면서 저축은행들의 여신 자산 부실 비율이 높아졌고 차주의 연체율도 증가했습니다. 2011년 '저축은행 사태'가 재현될까 우려될 정도였죠.

부동산 PF 부실 우려는 전체 채권 시장에도 부담을 줄 수 있습니다. 부동산 PF에 꿔준 돈 상당수가 ABS가 되어 회사채 시장에서 유통되고 있기 때문입니다. 이에 따라 부동산 경기가 하강하면 전체 실물 경제에도 악영향을 줄 수 있다는 우려가 커졌습니다.

금리보다 경기 심리가 중요하다?

2020~2022년까지만 놓고 봤을 때 정부 기관의 금리 정책이 아파트 등 부동산 시장에 결정적인 영향을 준 것 같지만, 기간을 길게 두고 살펴보면 그렇지 않다는 의견도 있습니다. 다시 말해 기준금리 변동보다 부동산 경기를 보는 심리가 더 중요하게 작용할 수도 있다는 것이죠.

실제로 2020~2021년 전국 아파트 가격이 크게 오른 데는 금리가 낮아진 이유가 크지만, '집값이 더 오를 것 같다'라는 심리에서 비롯되었다는 의견도 있습니다. 이른바 '패닉 바잉panic buying'이 몰려 아파트 가격 상승을 부추겼다는 것이죠.

반대로 경기 심리가 나쁘면 금리가 떨어져도 집값이 오르지 않습니다. 실제로 2008년 8월부터 2009년 2월까지 한국은행이 여섯 차례에 걸쳐 기준금리를 5.25%에서 2.0%로 낮췄지만 아파트 가격은 오르지 않았습니다. 미국발 금융위기 여파로 전 세계 경제가 침체될까 우려되던 시기였기 때문입니다.

다른 사례로 2012년 7월 부동산 등 자산 시장 경기가 침체되자 한

■ **기준금리와 전국주택가격지수 증감률**

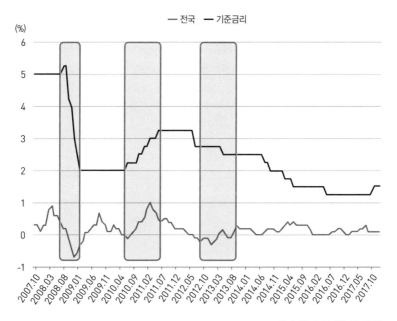

출처: 한국부동산원, 한국은행

▶ 네모로 구분한 부분은 전국주택가격지수가 기준금리와 무관하게 움직인 구간이다.

국은행은 기준금리를 3.0%로 낮췄고, 그해 10월에 2.75%로 한 번 더 인하합니다. 이때도 기준금리가 내려갔지만 서울 아파트 매매가격지수는 하락했고 전국에 미분양 아파트가 속출했습니다. '아파트로 돈을 벌려고 하면 바보'라는 말이 나올 정도였죠.

TIP 부동산 투자 타이밍을 잡을 때는 경기 심리를 보자

부동산 시장은 금리 정책과 경기 심리가 맞물리면서 변합니다. 아무래도 경기 심리가 더 큰 변수이고, 금리 정책이 이를 증폭한다고 볼 수 있죠. 이를 감안하면 부동산 투자 타이밍을 잡을 때는 금리보다 경기 심리를 먼저 살피는 게 적절해 보입니다.

때로는 반대로 가는 투자도 필요합니다. 경기 심리가 가라앉아 있을 때는 자산 가격이 대체로 낮기 때문이죠. 정부도 부동산 경기를 일으키기 위해 대출 규제 완화 등 여러 유화책을 꺼내 듭니다. 따라서 이때가 투자 타이밍일 수 있습니다.

주식 시장은
금리 상승을 싫어한다

    기준금리 상승으로 시장금리도 함께 오르면 주식 시장은 대부분 침체됩니다. 반대로 금리가 떨어질 때는 주식 시장이 오름세를 타죠. 실제로 주식 시장은 2020~2021년 금리가 낮을 때 활황을 달리다가, 2022년 금리가 상승하자 침체에 빠졌습니다. 실제로 코스피 지수는 2022년 9월에 2,155까지 떨어지고 10월에 들어서도 2,300선에 머무르면서 1년도 안 돼 1,000포인트 가까이 빠지기도 했죠.

    이 같은 상황은 금리 변동에 따라 시장 참여자가 투자 전략을 달리하기 때문입니다. 금리가 오를 때면 시장 참여자들은 투자보다는 금융사에 자본을 넣어두는 편입니다. 따라서 주식 투자에 흘러갈 시중 통화량은 줄어들죠.

    또한 금리 상승은 기업의 이자 부담과 조달 비용 증가로 이어집니다. 자금 조달 비용이 늘어나면 투자에 소극적일 수밖에 없죠. 따라서 실적 개선 가능성이 낮아지고 주가도 하락합니다. 미래 이익을 기대하고 대규모 투자를 계속해야 하는 성장주의 주가 하락 폭은 더욱 커집니다.

반면 금리 인하기에는 금융사에서 풀린 자본이 주식, 채권, 부동산 등 투자 자산에 흘러 들어갑니다. 기업의 조달 비용도 줄어들면서 전반적으로 기업의 주가가 올라가고, 정크본드junk bond 등 위험자산에 대한 투자 선호도도 높아집니다. 따라서 자산 시장의 전반적인 성장을 기대할 수 있죠. 실제로 여러 연구에 따르면 금리와 주가는 음(-)의 관계인 것으로 나타났습니다. '금리가 오르면 주가가 떨어진다'는 말이 거의 공식과 같다는 것이죠.

다만 앞서 말한 대로 성장률, 물가, 경기 심리 등도 작용하므로 주식 시장에 금리가 무조건적인 영향을 준다고 보긴 어렵습니다.

코로나19가 일으킨 머니무브

2020년 2월 말부터 코로나19가 유럽과 미국 등으로 확산되자 전 세계 금융 시장에 불확실성이 높아지고, 안전 자산에 대한 선호가 강해졌습니다. 3월 초에는 대표적인 안전 자산인 미 국채 시장에도 불안 현상이 목격되었죠. 즉 주식 시장의 자금이 채권 시장으로 흘러 들어가며 미 국채에 대한 투자가 이어졌습니다.

2020년 2월 21일 2162.84를 기록한 코스피는 미국의 대서양 봉쇄령이 떨어지던 2020년 3월 19일 1457.64까지 떨어집니다. 주식 시장은 충격에 빠지고 전문 투자자도 혼란을 느꼈죠. 급격한 경기 하강을 우려한 연준은 3월 15일 기준금리를 제로 수준으로 낮춥니다. 한국은행도 금융통화위원회를 열어 3월 17일 기준금리를 0.75%로 낮추었죠. 각국 중앙은행들이 앞다퉈 기준금리와 시장금리를 최대한 낮추는 정책을 펼치자 시장도 점차 안정을 찾았습니다.

2020년 5월 28일에는 금융통화위원회가 기준금리를 0.5%로 낮춥니다. 이는 정부 수립 이후 최저 수준으로, 경기 침체 우려에 적극 대응하겠다는 의지를 피력한 것입니다. 기준금리가 0.5% 수준으로 낮아지자 채권의 시장금리도 떨어졌습니다. 한 예로 AA- 회사채 금리가 2% 초반까지 하락했죠. 덕분에 기업의 자금 숨통은 어느 정도 트였습니다. 2021년 9월부터 이 금리는 2% 밑으로까지 떨어집니다. 코스피가 3,200선을 돌파하며 최정점에 있던 2021년 중반이었죠. 즉 급격한 기준금리 인하는 결과적으로 주식 시장으로 대표되는 자산 시장을 부양하는 효과를 냈습니다.

음식을 급하게 먹으면 체하기 쉽듯, 시장에 긴급히 풀린 통화량은 인플레이션 우려를 불러일으켰습니다. 이에 2021년 8월 한국은행은 선제적으로 기준금리를 0.25%p 올렸죠. 그러자 3,300선을 노리며 정점을 찍던 코스피가 위축되었습니다.

당시만 해도 연준이 금리 인상에 소극적이었기 때문에 시장에서는 미국과의 금리 차이를 걱정할 필요 없는 한국은행이 기준금리를

■ 코스피와 한국은행 기준금리 추이

▶ 2021년 중반 코스피가 정점에 이르렀을 때 한국은행 기준금리는 매우 낮은 편이었다.

올릴까 반신반의했죠. 이러한 반응에도 한국은행은 기준금리를 올렸습니다. 머지않아 연준이 기준금리를 올릴 것으로 내다본 것이죠.

예금과 주식도
경쟁한다

보통 채권 시장과 주식 시장이 반대 방향으로 움직인다고 하는데, 은행 예금과 주식도 비슷한 움직임을 보입니다. 주식 시장이 활황일

■ 코스피 대비 은행권 정기예금 잔액 추이

— 정기예금(왼쪽) — 코스피(오른쪽)

출처: KOSIS 국가통계포털

때는 예금 잔액이 줄어들고, 주식 시장이 침체일 때는 예금 잔액이 늘어나는 식으로 말이죠. 이를 안전 자산과 위험자산의 관계로도 볼 수 있습니다.

시장금리 상승과도 관련지어 생각해볼 수 있는데요, 예를 들어 2022년 하반기에는 주식 시장이 침체된 가운데 예금금리가 오르면서 은행에 유입되는 자금 규모가 늘어났습니다. 한국은행이 2023년 1월 발표한 "2022년 12월중 금융시장 동향"에 따르면 2022년 한 해 동안 순증한 은행권 정기예금 금액만 200조 1,000억 원에 달합니다. 2022년 12월 말 기준 은행권 정기예금 잔액이 899조 2,000억 원이란

■ 코스피 대비 예금 이자율

출처: KOSIS 국가통계포털

점을 고려하면 한 해 사이 28.6% 증가율을 기록한 것입니다. 증가 규모로 봤을 때 역대 최대일 것으로 추정됩니다. 주식 시장 부진에 따른 안전자산 선호 심리가 그만큼 컸던 것으로 보입니다.

따라서 금리가 상승기에 진입할 때는 주식 투자 등에 유의할 필요가 있습니다. 보수적으로 접근해야 한다는 뜻이죠. 반대로 금리가 하락하는 시기에는 주식이나 부동산 등 실물 자산에 관심을 가져볼 만합니다.

🟥 경기는 대체로 금리를 앞선다

금리가 오르면 대체로 주가가 하락하지만, 반대일 때도 있습니다. 기업에 투자하려는 심리가 금리 인상에 구애받지 않고, 금리와 주가가 같이 움직일 때입니다. 예컨대 연준의 금리 인상은 '미국 경제가 상승기에 있다'고 해석할 수 있습니다. 경기가 좋으면 기업의 투자도 늘고 성장주 중심의 주가도 오르니까요.

미국 금융자문사 트루이스트 파이낸셜에 따르면 1950년대 이후 연준의 12차례 금리 인상기에 S&P500 연평균 수익률은 9%였습니다. 마이너스 수익률을 기록한 금리 인상기는 1972~1974년(-8.6%)으로 단 한 차례였죠. '금리가 오르면 주가는 떨어진다'고 단순한 반비례 관계로 생각하기보다는 기업의 실적과 경기를 먼저 따져봐야 합니다. 일부 시장 투자자는 최근 주가 하락이 금리 상승 때문도 있지만 공급망 불안이 크다고 보고 있습니다. 러시아-우크라이나 전쟁, 중국의 코로나19 봉쇄에 따른 공급 문제, 미국과 유럽의 인플레이션을 함께 봐야 한다는 뜻이죠. 이들 요인은 금리와 무관하게 움직이는 경기 변수이기도 합니다.

■ 2000년대 S&P500과 미 국채 10년물 금리의 관계

출처: 블룸버그(Bloomberg), 유진투자증권

▶ S&P500과 미 국채는 대체로 반비례 관계를 이룬다.

금리가 오르면
부자는 채권을 산다

광고를 통해 계절과 유행의 변화를 느낄 수 있지만, 한편으론 기업들이 내세우는 상품이 어떻게 달라지는지도 확인할 수 있습니다. 투자 상품도 마찬가지입니다. 은행, 증권사 등 금융사들이 어떤 상품을 대표적으로 밀고 있는지를 보면 현재 주력 상품을 짐작할 수 있죠. 예컨대 금리 상승기에는 달러 자산이나 채권, 금리 하락기에는 주식이나 관련 ETF(상장지수펀드) 상품 광고가 많이 등장합니다.

2022년 하반기에는 채권 투자 상품을 광고하는 증권사가 많았습니다. 2020~2021년 주식 투자 붐에 비할 바는 아니지만, 그만큼 채권 투자에 관심을 갖는 투자자가 늘었다는 뜻이겠죠. 증권사들은 신규 채권 투자자를 유치하고자 여러 이벤트를 진행했습니다.

금리가 정점으로 가는 상승기라면 채권 투자가 여러모로 유리합니다. 금리 상승 추이에 따라 우량 국채를 나눠서 분할 매수한다면 금리가 하락할 때 차익을 기대할 수 있기 때문입니다. 장기 보유한 다면 꾸준한 이자 수익도 얻을 수 있죠. 은퇴를 앞뒀거나 자산을 안정적으로 운용하고 싶은 투자자에게 괜찮은 기회가 될 것입니다. 실제로 2022년 한 경제 뉴스에서 한 번에 몇억 원씩 투자하는 '큰손' 개인 투자자의 채권 매수 사례를 비중 있게 다루기도 했습니다.

뜨거웠던
채권 투자 붐

금융투자협회가 운영하는 채권정보사이트인 채권정보센터의 자료에 따르면 장외 시장에서 채권을 순매수하는 개인 투자자의 규모가 부쩍 늘었습니다. 2022년 채권 투자는 2021년과 비교했을 때 '차익 거래'보다 '중장기 보유'에 방점을 찍혀 있습니다. 즉 안전 자산이면서 장기채 비중이 높은 국채에 대한 선호도가 높았죠. 금리가 부쩍 오른 회사채에 대한 투자도 늘었습니다.

실제로 2022년 개인 투자자가 사들인 총 채권금액은 25조 원이었습니다. 2021년(13조 원)과 비교하면 약 2배 늘었고, 2020년과 비교해도 3배가 넘습니다. 순매수 규모도 2022년 21조 4,000억 원에 달했습니다. 2021년(4조 5,600억 원) 대비 4.5배 수준이죠.

금융투자업계에서는 이를 매우 이례적인 상황으로 판단하고, 2020~2021년에 일어난 주식 투자 붐처럼 채권에 직접 투자하려는

■ 개인 투자자 채권 순매수 규모

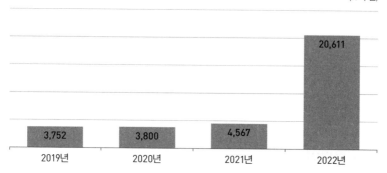

(10억 원)

2019년	3,752
2020년	3,800
2021년	4,567
2022년	20,611

출처: 금융투자협회 채권정보센터

똑똑한 개인 투자자가 늘어난 것으로 해석했습니다. 여기에 우량 회사채로 분류되는 한전채 발행이 늘었습니다. 한국전력이 국제 유가와 가스값 상승으로 적자가 늘어나자 이를 채권 발행으로 보전했기 때문입니다.

금리 상승기가 채권 투자에 적당한 시기인 것은 쌀 때 사서 비쌀 때 팔 수 있기 때문입니다. 즉 채권 가격은 언제든 다시 오를 수 있기에 채권 가격이 낮을 때 미리 사서 모아놓는 것이죠. 경기 회복으로 금리가 떨어져 보유 중인 채권의 매력도가 높아질 때를 기다린다고 볼 수 있습니다.

시장금리 하락은 새로 발행되는 채권의 금리(표면이율) 하락을 의미합니다. 결과적으로 기존 채권 가격은 오르게 되죠. 더 많은 금리를 얻기 위해 고금리 시기에 발행된 채권 또는 매수한 채권의 가격

■ 주요 채권 수익률 추이

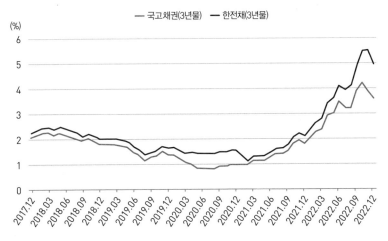

출처: 금융투자협회 채권정보센터

이 올라가는 것입니다.

투자자는 이때 채권을 매도해 수익을 얻을 수도 있지만, 채권을 장기 보유하는 것 자체도 이득이 되기도 합니다. 예를 들어 시장금리가 약 2%일 때 채권 수익률이 5%라면, 보유하는 것만으로도 3%p의 금리 이득을 볼 수 있죠.

실제로 2022년 9~10월에 한전채(3년물)의 채권금리(수익률)는 5% 중반을 넘겼고, 국고채권(3년물)도 4% 선에 다다랐습니다. 2022년 11월에 들어서 연준의 기준금리 인상 추세가 완화되는 분위기가 짙어지자 금리가 하락하긴 했지만, 최근 5년을 놓고 봤을 때 최고치를 달리고 있죠.

개인도 직접
채권 투자를 할 수 있다

앞서 언급한 대로 개인도 주식처럼 채권을 살 수 있습니다. 다만 일반인이 채권 발행자와 직접 거래하는 경우는 드뭅니다. 채무증권 전문회원 인가를 취득한 금융투자회사(국채딜러)나 은행 등에서 매수해 보유하고 있거나 중개하는 채권을 살 수 있죠.

개인이 채권을 살 수 있는 시장 또한 둘로 나뉩니다. '장외채권시장'과 '장내채권시장'이죠. 장외채권시장에서는 증권사 등이 보유한 채권을 살 수 있는데, 1만 원 이하의 소액 단위로 나눠 살 수 있어 개인이 접근하기에 좋습니다. '시장에서 사 온 증권사 보유의 채권'을 사는 곳이기 때문에 '장외시장'이라고 부릅니다.

반면 장내채권시장은 주식 시장처럼 채권이 자유롭게 거래되는 시장입니다. HTS(홈트레이딩시스템)나 MTS(모바일트레이딩시스템)에서 흔히 보는 주식 거래처럼 시장에 올라온 채권들을 살 수 있습니다. 증권사는 거래에 따른 투자 수수료를 받기 때문에, 어느 증권사 MTS에서 찾은 채권 상품을 다른 증권사에서도 찾아볼 수 있죠. 여기서는 증권사 계좌만 있으면 이용할 수 있습니다.

이렇게 채권을 사놓으면 나중에 팔 수 있습니다. 채권 가격 변동에 따라 차익을 보거나 손해를 볼 수도 있습니다. 물론 팔지 않고 보유하고 있으면 증권사 계좌로 이자를 받게 됩니다.

■ 한국투자증권 MTS 예시

▶ 한국투자증권 앱의 '금융상품' 탭을 누르고 '장외채권 가입/관리'에 들어가면 한국투자증권이 보유한 채권을 살 수 있다(다른 증권사 앱도 비슷한 구조).

채권 거래는 전문가의 영역이다

정크본드나 하이일드본드(high yield bond)와 같이 투자등급 이하의 채권은 경기 순환 곡선과 함께 움직이는 경향이 커서 경기가 저점을 지나 상승 곡선을 그릴 때 매입해도 나쁘지 않습니다. 다시 말해 주식처럼 경기가 좋아지면 값이 오르고, 경기가 나빠지면 값이 떨어집니다.

실제로 채권 거래를 통해 수익을 올리는 펀드 중 일부는 경기가 하락 지점에 왔다 싶을 때 정크본드 등 투자등급 이하 채권 비중을 높입니다. 수익률 면에서 우량채보다 좋기 때문이죠.

다만 개인 투자자가 이러한 차익 거래를 위해 경기 불황기에 정크본드를 사는 것은 여러모로 매우 위험합니다. 주식과 달리 이들 채권에 대한 정보가 부족한 데다 업황, 기업 신용도, 뉴스에 따라 채권 가격이 시시각각 변하기 때문이죠. 수익률만 보고 덥석 샀다가 원금을 날릴 수도 있습니다.

채권에 직접 투자하고 싶다면 장기 투자 관점에서 '내 자산 가치를 보호하겠다' 는 마음으로 접근하는 것이 좋습니다. 채권 가격에 따라 거래 차익을 남기는 것 은 전문 트레이더의 영역이지만, 그들도 종종 손실을 보니까요.

정크본드, 매혹적이면서 위험한 투자 자산

'하이 리스크 하이 리턴'은 평상시에도 자주 쓰이는 격언으로 높은 수익을 얻으려면 그만큼의 위험을 감수해야 한다는 뜻이죠. 바꿔 생각하면 손실 위험을 안고 투자해야만 고수익의 기회를 얻을 수 있다는 의미입니다.

이러한 투자 격언이 가장 잘 어울리는 투자 자산이 바로 정크본드 또는 하이일드본드나 고수익채권입니다. 이 셋은 모두 투자 부적격 등급에 있는 채권을 대개 지칭하지만, 실제로는 뜻이 미묘하게 다릅니다. 여기서는 정크본드로 단순화해 설명하겠습니다.

정크본드란 신용등급이 낮은 기업 등이 발행한 고위험-고수익 채권입니다. 그중 투자 부적격 등급 기업이 발행한 정크본드를 '오리지널 이슈original isuue'라고 합니다. 애초에 정크본드로 발행되었다는 뜻이죠. 한국에서는 신용등급 BB 이하인 기업이 발행한 채권을 말합니다. 미국 채권 기준으로는 스탠더드앤드푸어스S&P는 BB+ 이하, 무디스Moody's는 Ba1 이하 신용등급을 받은 기업의 채권을 일컫죠.[5]

■ 신용등급의 정의

구분	무디스	S&P	내용
	21등급	22등급	
투자 적격 등급	Aaa	AAA	• 안정성 최상위급 • 최고의 신용 상태를 나타냄
	Aa1	AA+	• 안정성 상위급 • 위험성은 적은 편이나 경제 상황에 따라 소폭 변동 가능
	Aa2	AA	
	Aa3	AA–	
	A1	A+	• 안정성 보통으로 적절한 수준 • 경제 침체 시에는 위험성이 다소 증가
	A2	A	
	A3	A–	
	Baa1	BBB+	• 안정성 평균 이하 • 투자적격등급 중 가장 낮은 등급 • 경제 상황에 따라 위험성 변동
	Baa2	BBB	
	Baa3	BBB–	
투자 부적격 등급	Ba1	BB+	• 투자 부적격 등급이나, 원리금 상환은 가능 • 안정성이 관련 산업의 여건 및 회사의 운영 등에 따라 변동 • 전반적인 신용등급이 다른 등급으로 조정될 가능성 높음
	Ba2	BB	
	Ba3	BB–	

투자 부적격 등급	B1	B+	• 투자 부적격 등급으로 원리금 상환 불확실 • 안정성이 경제 상황, 관련 산업 여건 및 회사의 운영 등에 따라 크게 변동 • 신용등급이 다른 등급으로 조정될 가능성이 높음
	B2	B	
	B3	B−	
	Caa1	CCC+	• 투자적격 등급에 크게 떨어짐 • 원리금 상환 가능성이 의문시
	Caa2	CCC	
	Caa3	CCC−	
	Ca	CC	
	C	C	
	−	D	부도 상태

출처: 수협은행(suhyup-bank.com/ib20/mnu/PBM01331)

▶ 해외 신용평가 기관별 신용등급 구성 체계로, 장기신용등급을 의미한다.

　발행 당시에는 투자 적격이었지만, 실적 부진이나 경영 악화 등에 따라 부적격 등급으로 전락하는 채권도 있습니다. 이러한 채권을 '떨어진 천사'라는 뜻의 '폴른 엔젤fallen angel'이라고 부릅니다. 이들 채권은 시장에서 염가로 팔리거나 잘 거래되지 못합니다.

　성장성은 있는데 소규모나 신생 기업이라서 신용등급을 받지 못한 기업의 채권, M&A를 위한 자금 조달 목적으로 발행되는 채권(LBO, 차입매수)도 정크본드로 묶입니다.[6] 대부분 치명적인 부도 가능성은 낮지만 차주의 신용도를 보장하기 힘든 것들입니다.

정크본드도 나름의
역할이 있다

'정크'에 쓰레기라는 뜻이 있는 만큼, 정크본드에 대한 이미지가 부정적인 것은 사실입니다. 그러나 정크본드는 신용등급이 낮아 은행에서 대출을 받지 못하는 기업에 동아줄이 되기도 합니다. 특히 스타트업이나 벤처기업처럼 성장성은 있으나 수익성이 낮은 기업, 또는 지금 당장 구조조정이 필요한 기업에는 효과적인 자금 동원 수단이죠. 구조조정 대상 기업은 기존 채권자의 채권을 매입해 출자 전환을 해야 하는데, 이때 정크본드를 활용할 수 있습니다.

고수익을 노리는 투자자에게도 정크본드는 꼭 필요한 자산입니다. 적절한 투자 배분을 한다면 일반 채권 투자보다 높은 수익을 기대할 수 있기 때문이죠. 헤지펀드처럼 고위험·고수익을 추구하는 투자자 중에 아예 정크본드에 베팅하는 경우도 있습니다. 이들은 부도 위험에 처한 채권을 염가에 사서 높은 이자 수익을 얻거나, 차주의 신용도 향상으로 값이 오른 채권을 되팔아 차익을 얻곤 합니다.

마이크 밀켄Michael Milken이라는 미국의 금융업자는 일찍이 정크본드로 고수익을 올릴 수 있다고 보았습니다. 그는 1970년대에 아무도 눈여겨보지 않던 정크본드에 주목했습니다. 1974년 정크본드를 통해 100% 투자 수익률을 달성했고 1975~1976년에는 200% 이상의 투자 수익률을 올렸죠. 그가 주목한 채권은 폴른 엔젤로 발행 당시에는 투자 적격이었으나 이후 부적격으로 떨어진 채권이었습니다.

폴른 엔젤 채권 중에는 부도 직전인 것도 있지만 뜬소문이나 투자자의 불안 심리에 따라 가격이 하락한 것도 있었습니다. 밀켄은 그중 이슈에 따른 채권의 가격 변동에 주목했죠.

1970년대부터 세를 불려가던 미국 내 사모펀드PEF도 정크본드 시장 확대에 영향을 줬습니다. PEF는 차입매수를 동원해 경영 위기에 몰린 기업이나 저평가된 기업을 인수합니다. 인수 당시에 발행되는 채권은 투기 등급밖에 받을 수 없지만, M&A가 성공적으로 이뤄지고 경영도 정상화되면 이들 채권의 가격은 올라갑니다. 차주의 신용도 상승에 따라 채권 가격도 덩달아 올라가는 것입니다. 이때 PEF는 채권을 팔아 막대한 차익을 거둡니다. 물론 PEF의 최종 목적은 인수한 기업을 되팔아 차익을 챙기는 것이라서, 채권을 팔아서 얻는 수익은 부수적인 것이라 하겠습니다.

정부에서 발행하는 채권도 때에 따라 투자 부적격 등급에 처할 수 있습니다. 대표적인 예가 그리스 국채인데, 그리스 국채의 금리는 2011년 말과 2012년 초에 30%를 웃돕니다. 부채 부담을 견디다 못한 그리스가 유로존(유로화 사용 경제공동체)을 탈퇴할 가능성이 높다는 소식에 금리가 치솟으며 채권 가격이 폭락한 것이죠.

이때 헤지펀드들은 베팅에 나섭니다. 폭락한 그리스 국채를 쥐고 있으면서 그리스 정부가 부도를 내지 않을 것으로 기대했죠. 그들의 기대대로 그리스 정부가 위기를 무사히 넘기자, 그리스의 국채 가격이 올랐고, 헤지펀드들도 꽤 높은 차익을 거둘 수 있었습니다.

정크본드, 금리보다 경기 심리가 중요하다

정크본드는 시장금리보다 경기와 투자 심리에 영향을 더 받습니다. 즉 중앙은행이 기준금리를 결정하는 시점에 경기가 어떤 상황이냐가 정크본드에 더 영향을 주는 것이죠. 특히 금리 하락기에는 정크본드에 대한 선호가 높아집니다.

예컨대 금리가 떨어지는 시기라면 기업의 부도 가능성은 낮아집니다. 따라서 정크본드를 찾는 투자 수요는 늘어나죠. 여기에 경기까지 상승한다면 정크본드 투자 수요는 더욱 커집니다. 이런 이유로 투자업계에서는 정크본드 수요 증가를 경기 상승의 지표로 삼습니다.

또한 안전 자산으로 꼽히는 미 국채 금리와 정크본드 금리의 격차를 비교하면서 경기 상황을 판단하기도 합니다. 이 두 채권 금리의 격차가 줄어들면 정크본드에 많은 자금이 유입된 것으로 봅니다. 시중에 자금이 넘친다고 판단하는 것이죠. 반대로 두 채권 금리의 격차가 급격히 벌어지면 투자자들은 경기가 심상치 않다고 판단합니다. 모험적인 투자 수요가 줄어들고 안전 자산을 선호하는 심리가 강해진 것이기 때문이죠.

다음 하이일드채권 스프레드ICE BofA US High Yield Index Option-Adjusted Spread 그래프를 보면 시장 심리에 따른 하이일드본드의 변화가 명확하게 드러납니다. 코로나19 팬데믹으로 경기 침체 공포가 컸던 2020년

■ 하이일드채권 스프레드

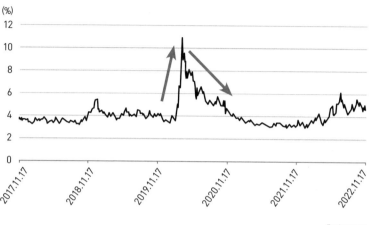

출처: FRED

▶ 팬데믹에 따른 경기 침체 공포로 스프레드가 치솟았다가 양적완화 이후 다시 내려갔다.

3월에는 미국 내 정크본드 스프레드가 11%까지 치솟습니다. 이후 연준이 기준금리를 제로 수준으로 내리고 양적완화를 실시하자 안정된 모습을 보입니다.

　참고로 양적완화는 'quantitative easing'이라는 경제 용어를 불친절하게 직역한 말로, 의역하자면 '돈의 양을 늘리는 것'이라는 뜻입니다.

TIP 일반 투자자는 정크본드보다 우량채권을!

일반 투자자도 증권사의 장외거래나 장내거래 등을 통해 정크본드를 매수할 수 있습니다. 회사채 중에 수익률이 높은 것도 적지 않고, 일선 증권사 창구에서 '고수익 자산'으로 추천받을 수도 있죠.

다만 주식과 달리 정크본드 시장에서는 '적정가'를 파악하기 어렵습니다. 주식과 비교해 거래가 빈번하지 않다 보니 기업 가치에 비해 과대 또는 과소 평가되기도 하죠. 예컨대 2013년 동양그룹 사태 때는 동양그룹 계열 증권사 직원의 권유에 따라 수많은 사람이 정크본드를 샀다가 피해를 보았습니다.

만약 정크본드에 직접 투자한다면 국채와 같은 안전 자산을 함께 매입하기를 추천합니다. 국채는 경기가 나빠지면 값이 오릅니다. 따라서 정크본드의 가격 하락을 어느 정도 헤지(위험 회피)할 수 있습니다.

부자는 쉬어 갈 때
현금에 투자한다

투자자들이 가장 싫어하는 것 중 하나가 불확실성일 겁니다. 향후 경기 전망이나 정책 방향에 따라 투자 전략을 짜야 하는데 불확실성이 클수록 살펴야 할 게 많아지니까요.

2021년은 경기 불확실성과 함께 연준의 금리·통화 정책에 대한 불확실성이 대두되었습니다. 인플레이션이 커질 가능성이 우려되는 가운데, 연준이 어떤 움직임을 보일지 쉽게 예측할 수 없었죠. 자산 매입 규모 축소(테이퍼링)는 언제 할지, 양적완화는 또 언제 종료할지, 기준금리는 언제 다시 올릴지 등 여러 추측이 이어졌습니다. 예측할 수 있는 악재는 더 이상 악재가 아닐 수 있지만, 그 당시에는 그 어떤 것도 결정하기 어려웠습니다.

코로나19 팬데믹이 힘겨웠던 이유도 바로 불확실성에 있습니다. 이 전염병이 어느 정도로 퍼져나갈지, 그리고 이에 따른 경기 충격은 어느 정도일지 예상하기 어려웠기 때문이죠. 이후 국제 사회가 안정을 찾은 것도 각국 정부가 코로나19에 대한 대응력을 키운 덕분이었습니다.

코로나19 팬데믹이 밀어닥친 2020년 4월

2020년 코로나19 팬데믹은 전 세계 경제를 뒤흔들었습니다. 2020년 초 2,000선을 유지했던 코스피도 1,400선으로 순식간에 무너졌고, 안전 자산인 미국 달러에 대한 수요가 늘면서 환율이 요동쳤습니다. 또한 사회적 거리두기로 소비가 감소하고 국가 간 무역 교류까지 줄면서 경기 침체 우려가 커졌습니다. 연일 들리는 코로나19 사망자 소식에 사회 분위기 또한 흉흉했죠.

이처럼 불확실성이 클 때는 현금성 자산에 투자하는 것이 정석입니다. 현금성 자산 비중을 높여 주식이나 부동산 등의 자산 가치 하락에 대비하고, 저가 매수의 기회를 노리는 것이죠. 여기서 한 발 나아가서 달러나 달러 자산을 매수하는 방법도 있습니다.

경제전문매체 이데일리가 2020년 4월 은행·증권사·보험사 PB 100명을 대상으로 진행한 설문조사(조사 기간 2020년 4월 3~7일)에서 PB들은 현금성 자산을 가장 먼저 추천했습니다.[7] 그다음이 달러 상품이었죠. 이는 불확실성이 큰 시기를 잘 넘기려면 '여유 공간'을 마런해야 한다고 해석할 수 있습니다.

특히 달러는 한국과 같은 나라에 경제 위기가 닥칠 때 전통적으로 선호되는 자산입니다. 각국 통화가 힘을 잃었을 때 대신 쓸 수 있고, 개인의 자산 가치를 방어할 수 있는 최적의 수단이기도 합니다.

반대로 추천하지 않는 자산은 해외 정크본드 등에 투자하는 하이일드채권펀드였습니다. 경기 악화가 우려되면 기업의 실적 하락이 예상되고, 평소 재무 상태가 나쁜 기업들은 더 큰 타격을 받습니다. 즉 정크본드의 가격이 떨어질 수밖에 없죠. 서둘러 빠져나오지 않으면 큰 손실을 볼 수도 있습니다.

자산 거품 우려가 컸던
2021년 8월

2021년 8월은 코스피가 3,200선에서 최고점을 달리던 때였습니다. 카카오뱅크 등 신규 기업공개IPO에는 수십조 원의 시중 자금이 몰려들었죠. 그만큼 개인 투자자의 증시에 대한 관심과 주식 투자 열기가 뜨거웠습니다.

증시는 뜨거웠지만 자산가들의 눈은 달랐습니다. 차익을 실현한 후 다가오는 금리 상승기에 대비해야 한다고 보았죠. 그에 따라 카카오 등 기업 가치에 비해 과대 평가되던 성장주들을 정리해 차익을 실현하고 현금성 자산을 확보하고 있었습니다.

■ PB 제안 2021년 투자 포트폴리오 변화

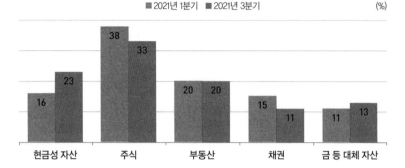

■ 2021년 1분기 ■ 2021년 3분기   (%)

현금성 자산: 16, 23
주식: 38, 33
부동산: 20, 20
채권: 15, 11
금 등 대체 자산: 11, 13

출처: "[PB의 한수]美금리인상 대비…선제적 대응 나선 자산가들"(2021년 8월 19일, 이데일리)

▶ 은행 PB 25명, 증권사 PB 15명, 보험사 PB 10명 대상으로 진행한 설문조사 결과, 대부분 안전 자산 비중을 높이도록 권했다.

이와 동시에 자산가들은 기준금리 인상에 대비하고 있었습니다. 앞서 설명한 대로 한국은행은 2021년 5월부터 기준금리 인상에 대한 힌트를 줬고 그해 8월 기준금리를 인상했습니다. 다만 당시에 연준은 때가 아니라면서 기준금리 인상을 주저하고 있었죠.

인플레이션과 자산 가격 거품에 대한 우려가 이어지자 PB들은 기준금리 인상 시점이 무르익었다고 보고, 자신의 고객에게 이에 대비해 차익 실현을 조언했습니다.

이데일리가 2021년 8월 12~13일 이틀간 은행, 증권, 보험사 PB 50명을 대상으로 '금리 인상 시 투자 자산 배분 전략'에 대한 설문조사를 실시했을 때, 대다수는 안전 자산 비중을 높이는 투자 전략을 언급했습니다.[8] 미국이 2021년 하반기부터 테이퍼링을 시작할 것이고, 머지않아 금리 인상까지 단행하리라 예상한 것이죠. 어떤 PB는 "금리 상승 가능성이 있는 변동기에는 현금 보유량을 늘려 매수 타이밍을 기다리는 게 현명해 보인다"면서 "투자하지 않고 기다리는 것도 또 다른 방식의 투자"라고 말하기도 했습니다.

그들의 예상대로 연준은 2021년 하반기부터 시장에 푸는 달러의 양을 줄이기 시작했고, 2022년 3월부터 금리를 올리기 시작했습니다. 인플레이션 강도가 예상보다 높자 기준금리를 서둘러 올린 것입니다. 뒤늦은 연준의 기준금리 인상으로 경기 불확실성은 커졌습니다. 원/달러 환율은 뛰고 주식과 부동산 시장은 가라앉았죠. '9만전자'를 노리던 국민 대표주 삼성전자도 '5만전자'라는 굴욕을 감수해야 했습니다.

변동기 투자, 현금과 달러의 보유량이 관건이다

PB들은 입을 모아 "현금 투자도 또 다른 방식의 투자가 될 수 있다"고 말합니다. 인플레이션에 따른 돈의 가치 하락은 피할 수 없지만, 표면 손실률은 0%이기 때문이죠. 금리 급등기에 예금 같은 상품에 돈을 넣어 놓으면 이자까지 받을 수 있습니다. 여윳돈이 있다면 우량주를 더욱 저렴한 가격에 살 수 있고, 이자율이 높아진 채권에 투자할 수도 있죠.

그렇다면 그 시점을 어떻게 포착할 수 있을까요? 여러 방법이 있겠지만, 금리에 해답이 있습니다. 2021년 상반기부터 시장에는 인플레이션에 대한 경고와 한국은행이 금리를 올릴 것이라는 예상이 이미 등장했습니다. 그러나 많은 사람은 당시 상승세에 취해 그리 쉽게 올리지 않을 거라고 여겼죠. 2021년 8월 한국은행이 기준금리를 인상한 이후에도 이 같은 믿음은 변함없어 보였습니다.

만약 2021년 여름에 성장주 중심으로 차익을 실현하고 현금과 달러 자산을 확보하기 시작했다면 어땠을까요? 2022년은 좀 더 달랐을 겁니다. 2022년에 돈을 번 자산가들은 '시장에 취하지 않고' 금리라는 신호를 보고 자산 구성에 변화를 줬습니다. 한두 발 앞서 나가 판단하고 결정한 덕분입니다.

고금리 후에는 저금리,
저금리 후에는 고금리

경기는 주기성을 띠고 오르락내리락합니다. 금리도 마찬가지로, 중앙은행의 금리 정책에 따라 시시각각 변합니다. 즉 오를 때가 있으면 내려갈 때도 있죠. 당연히 자산 시장도 그에 따라 움직입니다. 지금의 추세가 영원하지 않다는 이야기입니다.

한 가지 예를 들어보겠습니다. 2020~2021년 상반기에 호황을 달린 주식 시장은 2022년에 들어서자 침체되었습니다. 기업 가치 대비 고평가된 종목일수록 하락 폭이 컸죠. 대표적인 것이 2021년 11월에 주당 400달러까지 오르며 서학개미들의 무한한 지지를 받은 테슬라입니다. 테슬라 주가는 2023년 1월에 100달러 선까지 하락했습니다. 고점 대비로는 1/4 수준이죠. 정도의 차이만 있을 뿐, 다른 성장주도 부진을 면치 못했습니다. 한국 상황은 더욱 나빴습니다. 2022년 하반기에 코스피는 2,200선까지 떨어졌고 코인 시장은 더 큰 침체에 빠졌습니다. 앞서 말한 대로 삼성전자 주가는 5만 원대 중반으로 떨어지기도 했죠.

이 같은 하락세의 원인은 2022년 하반기에 이뤄진 연준의 급속한 기준금리 인상입니다. 연준이 '인플레이션 파이터'를 자임하고 있는 상황에서 당분간 고금리 상태는 유지될 전망입니다. 주식 시장과 부동산 시장이 겪고 있는 침체도 끝을 가늠하기 힘들 정도입니다. 반면 금리가 오르자 예금과 채권의 수익률이 좋아졌고, 그에 따라 막대한 자금이 예금과 채권으로 이동하기 시작했습니다.

그러나 지금의 추세는 언제든 바뀔 수 있습니다. 물가가 안정을 찾고 경기 부양의 필요성이 커지면 연준은 금리를 다시 내릴 테고, 그러면 주식, 부동산, 코인 시장도 다시 활기를 띌 것입니다. 따라서 지금 손해를 봤다고 실망할 필요가 없습니다.

금리 인상과 인하를 반복해온 연준

연준은 출범 이래 금리 인상과 인하를 반복해왔습니다. 1990년대 말부터 2022년까지 연준은 세 차례의 급격한 금리 인하와 네 차례의 가파른 금리 인상을 결정했습니다. 이를 통해 2022~2023년 금리 인상 이후 또다시 금리 인하를 단행하리라 짐작할 수 있습니다.

여기서 우리는 경기 순환 곡선을 그려볼 수도 있습니다. 경기 추

세 기준으로 정점으로 가는 구간은 '호황'입니다. 이때 보통 거품이
나 인플레이션 우려가 나옵니다. 중앙은행은 급격한 경기 하강을 막
기 위해 기준금리 인상 카드를 만지작거립니다. 원자로가 너무 뜨거
워지지 않게 냉각봉을 주입하는 것과 같죠.

그런데 문제는 연준이 냉각봉 넣는 '타이밍과 정도'를 적절하게
맞추지 못할 때가 많다는 것입니다. 수능 출제위원들이 간혹 난이도
조절에 실패하듯 연준 이사들도 경기 조절에 시행착오를 겪는 것이
죠. 연준이 시장을 너무 낙관적으로 바라보거나 시장에 과민 반응을
보일 때가 많기 때문입니다. 2022년 3월 연준이 기준금리를 0.25%p
올렸다가 그해 하반기에 4회 연속 0.75%p 올리며 뒷북 대응에 나선
것도 이 같은 맥락입니다. 0.25%p 정도 인상하면 될 줄 알았는데 그

■ **연준의 기준금리 추이**

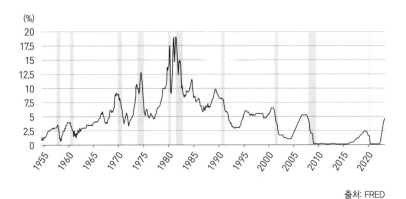

출처: FRED

▶ 금리 상승기와 금리 급락기가 주기적으로 반복된다는 것을 알 수 있다.

게 아니었던 것이죠.

2022년 연준의 금리 인상 후 예상 시나리오는 2000년대 중후반 글로벌 금융 위기, 2000년대 초 닷컴 버블 붕괴 등에서 짐작할 수 있습니다. 이때 기준금리 인상으로 대출 이자율이 높아지며 대출자의 가처분 소득이 줄어들자 기업의 투자가 감소하며 경기가 가라앉았죠. 두 사건 모두 경기를 예상보다 빠르게 냉각시키며, 결국 가파른 금리 인하를 불러일으켰습니다. 2000년대 초 닷컴 버블 붕괴 때는 연준이 금리를 급하게 내리며 진화에 나섰고, 2008년 글로벌 금융 위기에도 연준은 기준금리를 제로 수준으로 낮췄습니다. 그마저 부족하자 연준은 시중 채권을 직접 매입해 시장에 돈을 살포하는 정책을 펼칩니다.

■ **경기 순환 곡선**

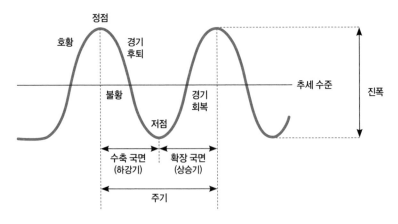

▶ 경기는 정점과 저점을 반복하며 주기성을 띤다.

2023년에 들어서 세계 경기에 대한 예상이 부정적인 것도 이 같은 맥락에서 비롯되었습니다. 경기가 급속히 나빠지고 은행들의 부실이 누적되면서 금융 위기가 재발할 수도 있다는 것이죠. 이에 따라 기준금리 인하와 경기 부양은 필연적으로 뒤따를 것으로 보입니다.

거꾸로 투자하는 것도 방법이다

영원한 호황도, 영원한 불황도 없습니다. 투자자라면 경기 변화에 대응해 선제적으로 자산을 배분하는 것이 중요합니다. 달리 보면 '거꾸로 투자하는 요령'이 필요하다는 뜻이죠. 금리 상승기로 주식 시장이 부진하다면 우량주 중심으로 매수해서 모아놓는 겁니다.

호황과 불황은 체감할 수 있고, 기준금리는 중앙은행의 금리 정책을 통해 짐작할 수 있습니다. 기준금리가 하락하면 시장의 돈이 늘어나고 보통 경기가 좋지 않다는 의미가 됩니다. 반면 기준금리가 상승하면 시장의 돈이 줄어들고 보통 경기가 과열되어 있음을 뜻하죠. 이런 점에서 금리는 경기를 읽는 훌륭한 바로미터라고 할 수 있습니다.

연준의 말에 집중해야
돈의 방향이 보인다

투자 격언 중에 '연준에 맞서지 말아라'라는 말이 있습니다. 연준의 정책과 거꾸로 가지 말라는 이야기인데요, 바꿔 말하면 채권 시장부터 주식 등 자산 시장까지 연준을 비롯한 중앙은행의 정책에 좌우되기 때문에 이러한 통화정책에 철저히 순응해야 한다는 뜻입니다.

현지 시간으로 2022년 11월 2일 제롬 파월Jerome Powell 연준 의장은 네 번째 자이언트 스텝(기준금리 0.75%p 인상)을 결정하며 "금리 인상 속도를 늦추는 대신 오래, 더 높이 올릴 것"이라고 예고했습니다. 연준의 기준금리 인상이 적어도 2023년 상반기까지 계속되리라는 점을 재확인하며 금리 인상 속도를 늦추겠다고 발표한 것이죠. 금리 상승 충격이 어느 정도 감쇄되리라는 기대감에 이날 뉴욕 증시는 급등했습니다. 금리 인상 기조는 그대로이지만 연준 의장의 말 한마디에 시장이 움직인 것입니다.

그해 12월 기준금리 결정에서 연준 산하 연방공개시장위원회는 기준금리를 0.5%p만 올린다고 발표했습니다. 상대적으로 낮아진 금리 인상 폭에 시장은 안도했죠. 1,400원대이던 달러 대비 원화 환율도 1,300원 밑으로 내려가는 등 외환 시장도 안정을 되찾았습니다.

이처럼 연준 의장이나 이사진의 공개 발언은 영향력이 매우 큽니다. 시장에서는 이러한 발언에 따라 향후 투자 전략을 수정합니다. 연준도 사전에 힌트를 주면서 시장 투자자들이 미리 준비할 수 있도록 하죠. 아니면 금리 인상과 같은 정책 기조는 그대로 가져가면서 시장을 안정시키는 의도로 발언을 하기도 합니다.

시장과의 적극적인 소통, 포워드 가이던스

포워드 가이던스forward guidance는 연준의 영향력과 시장의 관심을 활용한 '정책 예고'와 같습니다. 언론에서는 종종 직역해서 '선제 안내'라고 표기하기도 하죠. 포워드 가이던스는 연준이 시장에 하는 약속일 수도 있고, 시장을 안심시키는 장치로 작용하기도 합니다. 2008년 글로벌 금융 위기 때는 벤 버냉키Ben Bernanke 전 연준 의장이 '무제한 양적완화'를 약속하며 시장을 안심시켰고, 2020년 코로나19

팬데믹에는 제롬 파월 현 연준 의장이 비슷한 맥락의 포워드 가이던스를 시장에 내놓았습니다.

실제로 파월 의장은 2020년 3월 기준금리를 제로 수준으로 낮췄고, 2020년 8월 평균물가목표제AIT, Average Inflation Targeting를 도입한다고 밝혔습니다. 기존에는 인플레이션 목표를 2%로 두고, 이 목표에 부합하면 기준금리를 올린다는 방침이었는데, 이제는 2% 이상의 인플레이션도 용인하겠다는 뜻입니다. 평균 물가 상승률 2%만 유지된다면요. 다시 말해 시장에 통화량을 늘리면서 야기되는 부작용인 인플레이션에 대해 어느 정도 선까지 눈을 감겠다는 이야기입니다.

여기에 변수 하나를 둔 게 노동 시장입니다. '강력한 노동 시장의 징후가 나타날 때'라는 전제가 있는데, 이는 실업률의 급격한 상승 등 고용 시장이 혼란에 빠질 경우를 가정한 것으로 보입니다.

통화량 증가에 따른 인플레이션 우려가 있더라도 우선 경기를 살리겠다는 방침을 연준이 명확히 하자, 당시 유가 등 상품 가격도 상승했습니다. 경기 회복에 대한 기대감이 연준의 발언으로 커진 것입니다.

기준금리 인상 때도 파월 의장은 사전에 예고했습니다. 미국 현지 시간으로 2022년 1월 26일에 연방공개시장위원회 정례회의를 열어 3월 중 기준금리 인상을 기정사실화했죠. 그리고 3월부터 12월에 걸친 연방공개시장위원회에서 금리 인상 가능성을 묻는 질문에 즉답을 피하면서도 '공격적인 금리 인상 가능성'을 부인하지 않았습니다. 실제로 파월 의장의 언급대로 연준은 기준금리를 2022년 초

제로 수준에서 2022년 말 4.5%까지 공격적으로 올립니다. 2022년 한 해만 놓고 봐도 2022년 1월에 나온 파월 의장의 발언은 투자 전략 설정에 매우 중요했습니다.

되레 혼란을 주기도 하는
포워드 가이던스

포워드 가이던스가 시장에 되레 혼란을 야기할 때도 있습니다. 한 예로 파월 의장은 2020년에 평균물가목표제를 도입하면서 금리 인상에 대해서는 선을 그었습니다. 그러다 2021년 6월에 연방공개시장위원회에서 2023년 금리 인상을 예상했죠. [9]

물론 이때는 기준금리 인상 가능성보다는 테이퍼링 여부가 더 주목받았습니다. 테이퍼링은 자산 매입 규모, 쉽게 말해 시장에 푸는 달러의 규모를 줄여가는 것을 의미합니다. 경기 침체를 막기 위해 푸는 달러의 규모를 줄여 인플레이션 위험에 대비하는 것이죠.

더욱이 연준은 2020년 12월 최대 고용과 물가 안정을 위해 '실질적인 추가 진전'의 일환으로, 매월 1,200억 달러 규모의 채권 매입(즉 매월 1,200억 달러 규모의 돈을 시장에 풀겠다)을 발표한 바 있습니다. 시장에서는 이에 따라 2022년까지 금리 인상은 없을 것으로 받아들였죠.

문제는 최대 고용과 물가 안정은 양립할 수 없는 모순된 목표라는 점입니다.[10] 문제는 최대 고용과 물가 안정은 양립할 수 없는 모순된 목표라는 점입니다. 실업률이 낮아지기 위해서는 경제가 성장해 일자리가 늘어야 하는데, 그러다 보면 물가가 오르는 경우가 많습니다. 한국이 고도 성장을 하던 시기에 물가가 가파르게 올랐던 것을 연상하면 됩니다.

따라서 경기를 살리기 위해서는 어느 정도 인플레이션을 용인해야 합니다. 경기 불황이 우려되는 국면에서는 더욱 그렇습니다. 일본처럼 디플레이션에 빠지는 것보다 인플레이션을 겪는 게 더 낫다고 여기는 것이죠.

더 큰 문제는 물가 상승 속도가 연준의 예상을 뛰어넘었다는 점입니다. 인플레이션을 '어느 정도' 용인한다고 했는데, 8~9%까지 치솟았던 것이죠. 연준도 사안의 중대성을 인식하고 자이언트 스텝에 나섰습니다. 1년 사이에 연준의 태도가 확 바뀐 셈입니다. 시장 투자자 입장에서는 헷갈릴 수밖에 없죠. 2022년 하반기 연준의 광폭 행보에 시장 투자자들은 혼란을 느꼈고 각국 환율도 크게 올랐습니다. 이자율이 상승하자 경기 하강에 대한 목소리도 덩달아 커졌죠.

벤 버냉키 전 연준 의장도 "포워드 가이던스가 연준의 인플레이션 대응을 느리게 만들었다"[11]고 지적했습니다. 시장 투자자들도 자신이 원하는 대로 골라 듣고 해석하다 보니 연준의 2022년 기준금리 인상 가능성에 대해 안일한 면이 없지 않았습니다.

연준 동향을 보여주는 사이트

경제·금융의 초엘리트가 모였다고 해도 연준도 결국 사람들이 모인 곳인 만큼 종종 실수가 나오기도 합니다. 그럴더라도 연준의 발언과 시장에 주는 힌트에 주목해야 합니다. 많은 경제매체와 경제 유튜버가 연준의 통화정책이 발표되면 이를 해석하고 설명해줍니다. 분명 챙겨볼 필요가 있죠.

파월 의장 외에 연준 이사들은 공개 포럼 등에서 종종 자신의 견해를 밝힙니다. 파월 의장만큼 결정적인 변수는 아니라고 해도 시장에 적잖은 영향을 미치죠. 이들의 발언도 외신이나 국내 매체에서 소개하고 있습니다.

이러한 발언과 함께 미국 내 시장 경기를 일정별로 정리하고 싶다면 '포렉스 팩토리(Forex Factory)'라는 사이트를 소개합니다. 미국, 유럽, 일본 등 주요 국가의 주요 경제 지표와 함께 연준 이사들의 발언과 계획 등을 살펴볼 수 있습니다.

■ **포렉스 팩토리 화면 캡처**

출처: 포렉스 팩토리(www.forexfactory.com)

▶ 이 캡처 화면에 따르면 연방공개시장위원회 이사인 쿡의 연설이 예정되어 있음을 알 수 있다.

DLF 사태:
저금리 시대의 탐욕의 산물

　은행은 고객이 예금으로 맡긴 돈을 대출로 내주면서 수익을 얻습니다. 즉 예대금리(예금과 대출의 금리 차이)가 곧 은행의 수익이 되고, 이것이 은행 업무의 기본이라고 할 수 있습니다. 수천 년 전이나 지금이나 크게 다를 게 없죠. 그런데 은행들은 왜 DLF(파생결합펀드) 등의 파생금융상품과 사모펀드 상품 등을 팔까요? 가만히 앉아서도 돈을 버는 곳이 바로 은행인데 말입니다.

　이유는 금융 시장이 과거와 많이 달라졌기 때문입니다. 시장금리 하락으로 예적금 수익만으로 만족하지 못하는 금융 소비자가 많아지자, 은행에서는 예대금리로는 성장하기 어렵다는 인식이 생겨났습니다. 떠나가는 고객을 붙잡으면서 새로운 수익원을 창출하기 위해 은행들은 파생금융상품에 손대기 시작했죠.

　문제는 국내 시중은행들이 이런 금융상품을 팔아본 경험이 많지 않다는 것입니다. 무리한 실적 압박으로 은행 창구 직원이 상품을 모르는 상태에서 고객에게 팔게 되면서 금융 사고가 종종 터지곤 했습니다.

'은행이 안전하다'는 이젠 옛말

은행들이 비난받는 이유는 간명합니다. 은행이 손실 가능성 있는 상품을 팔아서 고객의 손해를 일으켰기 때문입니다. '은행이 고객의 투자 손실까지 책임져야 하냐'는 반론도 있긴 하지만, 과거 금융 사고 사례를 살펴보면 '불완전 판매(투자 위험 요소 등을 제대로 안내하지 않고 금융상품을 판매하는 것)'의 소지가 있던 것도 사실입니다. 충분한 설명 없이 상품을 팔았다는 것이죠. "안전한 상품인 줄 알고 가입했는데 원금까지 날렸다"는 말이 나오게 된 이유이기도 합니다.

물론 은행에도 나름대로 대비책이 있었습니다. 내부에 상품선정위원회를 꾸리고 아무 상품이나 들여와 파는 것을 시스템을 통해 막았죠. 최근 문제가 된 DLF도 그 자체만 놓고 보면 매우 위험한 상품이라 하기 어렵습니다. 이 때문에 은행에서는 "경제 상황이 이리 급변할 줄 몰랐다"고 해명했죠.

라임자산운용 등 사모펀드 사태도 이 같은 맥락에서 이해할 수 있습니다. 예금 이자율에 만족하지 못하는 고객에게 수익이 좋다고

■ **DLF·DLS 판매 현황(총 8,244억 원)**

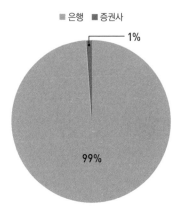

■ 은행 ■ 증권사

1%

99%

출처: 2019년 8월 금융감독원 발표 자료

▶ 총 8,244억 원 중 영국·미국 CMS 금리(6,958억 원)의 손실률은 56.2%이고, 독일 국채 10년
물 금리(1,266억 원)의 손실률은 95.1%다.

추천했는데, 혹시 모를 원금 손실 위험성을 간과한 것입니다. 또는
과거에 원금 손실 사례가 없었으니, 앞으로도 없을 것이라고 안일하
게 생각했을 수도 있습니다.

저금리 시대,
은행도 팔아야 산다

은행이 손실 위험을 감수하고 금융상품을 판매하는 배경에는 두
가지가 있습니다. 첫 번째는 시장이 저금리에 접어들었다는 것입니

다. 2020년 코로나19 팬데믹 이전까지 주요 선진국의 고민은 저물가·저성장이었습니다. 시중금리는 낮아질 수밖에 없었고 예적금 금리도 덩달아 떨어졌죠. 재테크 수단으로 예적금의 매력이 줄어든 것입니다.

최근 금리가 올랐다고 해도 과거 금리와 비교해보면 그리 높지 않습니다. 2023년 1월 기준 한국은행의 기준금리는 3.5%이지만, 2000년대에는 기준금리가 4%대를 유지했죠. 현재 기준금리가 높게 느껴지는 것은, 그만큼 우리가 저금리 시대를 살아왔다는 방증입니다.

2019년에는 한때 국내 물가상승률이 마이너스를 기록하며 디플레이션 우려까지 커지기도 했습니다. 디플레이션은 기업의 투자와 가

■ 예금 대출 금리 추이

출처: e-나라지표

▶ 2019년 이전까지 20년간의 예대금리 추이로, 꾸준히 하락하고 있음을 알 수 있다.

계 소비 감소를 초래합니다. 은행에서 받는 대출 수요도 감소하죠.

금리는 낮아지는데 대출 수요까지 줄어들면 은행 입장에서는 위협적일 수밖에 없습니다. 미국 투자은행은 M&A 주관사로 나서거나 직접 트레이딩을 통해 수익을 올리지만, 국내 은행은 각종 규제 때문에 이마저 할 수 없습니다.

한편으론 재테크에 대한 대중의 관심이 매우 높아지면서 증권사를 비롯해 다양한 금융사의 금융상품이 큰 주목을 받았습니다. 저금리 시대에 예적금에만 돈을 넣는 것은 시대에 뒤처지는 것처럼 인식되기에 이르죠. 은행 입장에서 이를 타개할 해결책이 필요했고, 결국 은행도 금융상품 판매에 적극적으로 나서게 된 것입니다.

고금리 시대
은행주는 반짝인다

대표적인 저평가주로 꼽히는 은행주가 2023년 들어 비상했습니다. 2023년 1월 3주간(1월 2일~1월 17일) KRX은행지수는 2022년 말에 비해 19.35% 올랐죠. 매해 높은 수준의 당기순이익을 거두지만 주가가 낮아 '저평가 가치주'로 꼽히는 은행주가 1월 한 달에만 20% 가까이 오른 것입니다. 같은 기간 코스피가 6.93% 오른 것과 비교하면 눈에 띄는 상승세입니다. 여기서 말하는 은행주는 KB금융지주, 신한지주, 하나금융지주처럼 은행을 보유한 상장 지주사를 뜻합니다. 엄밀하게는 증권사와 보험사 등 다른 금융사도 계열사로 거느리고 있기 때문에 금융주로 일컫는 게 맞지만, 이들 지주사의 모체는 은행이고, 은행이 차지하는 이익 규모도 다른 계열사보다 훨씬 큽니다. 따라서 여기서는 편의상 이들 지주사를 '은행주'로 부르겠습니다.

■ 은행주 주가 추이

	1주당 주가(원)		변동률(%)
	2022년 12월 29일	2023년 1월 17일	
KB금융	48,500	59,100	21.9
신한지주	35,200	43,300	23.0
하나금융	42,050	52,200	24.1
우리금융	11,550	12,850	11.3
DGB금융	6,990	7,710	10.3
기업은행	9,820	10,450	6.4

출처: 네이버 금융

▶ KB금융지주, 신한지주, 하나금융지주, 우리금융지주는 물론 지방은행 지주사인 BNK금융지주, DGB금융지주 등도 10% 이상 상승했다.

좀처럼 보기 힘든 은행주의 상승에 투자자들도 큰 관심을 보였습니다. 은행주가 상승한 것은 2023년 1월 초 '얼라인 파트너스'라는 사모펀드가 은행과 금융지주들에 배당성향을 높이라고 공개 권고했기 때문입니다. 배당성향은 은행이나 금융지주가 올린 당기순이익에서 배당지급액을 나타내는 비율로, 우리나라 은행들의 배당성향은 2022년 기준 약 26%입니다. 우리나라 상장사와 비교하면 '배당주'로 분류될 만큼 결코 적지 않지만, 외국 은행들과 비교하면 낮은 수준입니다. 뱅크오브아메리카 등 외국 은행들의 배당성향은 30% 중후반을 넘습니다.

역대급 실적에도 하락하던 은행주,
배당 호재에 상승

국내 은행들의 배당성향 26%도 2021년 이전과 비교하면 그나마 많아진 수준입니다. 2021년 이전만 해도 금융감독원 등 금융당국은 위기 대응을 위해 유동성을 최대한 확보하라며 시중은행에 배당성향을 20% 밑선으로 유지하라고 압박했죠.

낮은 배당성향은 결과적으로 은행 등 금융지주의 주가가 낮게 형성되는 원흉으로 지목되었습니다. 특별히 성장할 게 없는 은행업 특성을 고려하면 배당이라도 많이 나와야 주가가 오르기 때문입니다. 이런 상황에서 사모펀드가 앞장서서 배당을 좀 더 많이 하라고 공개적으로 주장하자 주식 시장에는 배당을 더 받을 수 있겠다는 기대감이 커졌죠.

은행들의 2022년 실적도 역대급이었습니다. 금융권에 따르면 주요 금융지주(KB·신한·우리·하나)의 2022년 연간 순이익은 총 15조 8,506억 원입니다. 이들 금융지주가 2021년에 올린 연간 순이익인 14조 원을 뛰어넘어 최대 기록을 세운 것이죠.

이처럼 금융지주들의 순이익 규모가 늘어나는 상황에서 배당성향까지 높아질 것으로 예상되니, 은행주의 인기는 당연히 높아질 수밖에 없었습니다.

'쌀 때 사자' 수요도
유입된 은행주

은행주 주가 상승에는 그간 주가가 낮았다는 점도 작용했습니다. 특히 은행주를 품은 금융지주들이 분기마다 조 단위의 순이익을 올리고 있다는 점을 고려하면 은행주가 저평가되어 있던 것은 맞죠. 즉 이미 저평가되어 있으니 더 크게 떨어지지 않으리라는 인식이 있습니다. 2022년 1월 기준 각 은행주의 PER(주가수익비율)을 살펴보면 KB금융은 5.1, 신한지주(신한금융지주)는 4.89이고, 하나금융지주는 이보다 더 낮은 3.58 정도입니다. 직접적인 비교는 어렵지만 미국의 투자은행 JP모건의 2023년 1월 기준 예상 PER이 11 이상임을 감안하면 국내 은행주들의 주가가 분명 낮은 편이긴 합니다.

게다가 은행주는 대표적인 경기 방어주로 꼽힙니다. 주가 하락기에는 덜 하락하거나 오히려 오르기도 해서 그렇게 불리죠. 즉 주가가 상승할 때 느릿하게 오르는 편이지만, 하락할 때도 느리게 떨어지는 편입니다. 2023년 불경기가 예고되고 경기 방어주에 대한 선호가 높아지면서 은행주 인기가 덩달아 높아진 것으로 볼 수 있습니다. 실제로 2022년 한 해 동안 코스피와 KB금융지주·신한지주의 주가 흐름을 보면, 코스피의 하락세가 전반적으로 완연했지만, 금융지주들의 주가 하락은 덜한 편이었습니다.

다만 2020년 상반기에 등장한 '블랙스완(예상치 못한 사건)'과 같은 시장 충격에는 은행주도 추풍낙엽처럼 나가 떨어지곤 합니다. 주가

■ 코스피와 신한지주, KB금융의 주가 추이

— 신한지주　— KB금융　— 코스피

출처: 블룸버그

▶ 2021년 1월부터 2022년 1월까지 코스피 추이에 따라 두 은행주도 하락을 피하지 못했다.

회복 속도도 다른 주식과 비교하면 느린 편이죠. 아무리 경기 방어주라고 해도 대세가 급락장일 때는 정도가 덜할 뿐, 함께 휩쓸려 내려가니 주의가 필요합니다.

예적금보다 수익이 좋은
은행 배당

　은행주들도 2022년 하반기에 연준의 기준금리 인하로 전 세계 증시가 부진하자 주가 하락을 면치 못했습니다. 흥미롭게도 주가 하락으로 오히려 배당수익률은 올랐습니다. 분모 격인 주가는 떨어졌지만 분자 격인 배당액이 순이익 증가로 늘어난 덕분입니다.

2022년 10월 기준 각 은행주의 배당수익률은 최저 6.8%(신한지주)에서 최고 9.8%(KB금융지주)입니다. 1만 원으로 은행주를 사면 연말에 최저 680원, 최대 980원의 배당 수익을 기대할 수 있다는 뜻이죠. 시중은행 예적금 이자율이 4% 밑선이고, 국채 수익률도 4%를 넘지 못한다는 점을 고려해보면 매우 높다고 할 수 있습니다. 은행 예적금에 넣을 돈으로 은행주를 사는 게 더 이익이라고 주장하는 사람들도 나타났죠.

금융지주 회장들도 부지런히 자기회사주를 사 모읍니다. '주가를 높이는 주주친화적 경영'이라는 메시지에는 자신의 노후 대비를 위한 계산도 숨어 있습니다. 배당률은 높고 주가는 싸다 보니 훌륭한 은퇴 자산이 될 수 있는 것이죠.

TIP 은퇴를 고려한다면 신종자본증권도 살펴보자

은퇴를 준비하고 있다면 은행에서 발행하는 '신종자본증권'에도 관심을 기울여 보세요. 신종자본증권은 일종의 후순위 채권으로, 은행이 자본금을 확충할 필요가 있을 때나 재무 건전성 개선을 위해 발행합니다. 주로 영구채(만기 없는 채권) 형태로 발행되지만 보통은 5년마다 채권자에게 원금을 돌려준다는 옵션이 설정되어 있습니다.

신종자본증권이 후순위 채권에 속하는 이유는, 은행이 비상 상황에 처하면 갚지 않아도 되기 때문입니다. 이때는 은행의 자본금으로 포함되거나 보통주로 전환됩니다. 물론 은행이 파산 직전에 이르는 최악의 상황에만 해당됩니다. 가능성이 매우 낮죠.

신종자본증권은 채권자에게 불리한 옵션이 붙어 있지만 그만큼 금리가 높은 편입니다. 2022년 5월 하나금융지주가 발행한 신종자본증권의 최종 발행금리는 연 4.55%입니다. 보통 은행채보다 금리가 높죠. 신종자본증권이라는 특성 덕에 높은 금리가 형성된 것입니다. 이론상 영구적으로 보유할 수 있고 경우에 따라 자본금에 포함될 수도 있다는 점에서 주식과 비슷한 면이 없지 않습니다. 계속 보유할 수만 있다면 (은행이 망하지 않는 한) 가격 하락의 위험도 적습니다.

4장

금리와 경기

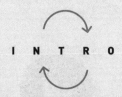

금리는 경기에 영향을 미칩니다. 앞서 살핀 대로 중앙은행이 기준금리를 조정하면 그에 따라 시장금리가 움직이고, 대출과 채권의 이자율도 달라집니다. 이는 돈을 빌려야 하는 개인, 기업, 정부의 자금 조달 여력과 씀씀이로 연결되죠. 가계와 정부의 지출과 기업의 투자가 많아지면 경기는 상승 곡선을, 가계와 정부의 지출이 줄고 기업의 투자도 없다면 경기는 하강 곡선을 그리게 됩니다. 따라서 중앙은행의 정책, 더 나아가 전 세계에 달러를 공급하는 연준의 금리 정책에 주목해야 합니다.

때로는 금리가 경기를 예측하는 도구로 사용되기도 합니다. 금융 시장이라는 틀 안에서 벌어지는 집단 지성의 결과가 금리의 움직임으로 나타나기 때문입니다. 경기에 대한 불안 심리가 반영되기도 하고 국가적인 불확실성이 담기기도 합니다.

예컨대 향후 경기 전망이 어두우면 금리가 상승합니다. 경기 침체가 예상되면 기업의 신용 위험성이 증가하고 이에 따라 채권 수요가 감소합니다. 금리 상승이 예상되면 기존 채권 가격이 하락하고 이는 다시 금리 상승으로 이어집니다. 이러한 상황이 닥치면 연준 등 중앙은행은 금리 인하에 나서고 양적완화라는 극약 처방까지 사용하죠.

코로나19 위기도 예감한
금리 변동

앞서 살짝 언급했지만, 경제학 용어 중에 블랙스완이라는 것이 있습니다. 이는 검은 백조와 같이 예상하지 못한 사건을 뜻하며, 꽤 유명한 경제 용어입니다. 근래에 와서 이 용어는 예상치 못한 충격을 의미하게 되었습니다. 2008년 글로벌 금융 위기 직전 미국 거대 투자은행 리먼브라더스사의 파산이나 2020년 전 세계를 공포에 떨게 만든 코로나19 팬데믹이 대표적인 예죠.

많은 사람이 2020년에 밀어닥친 경기 침체가 코로나19에 따른 것으로 생각하지만, 그전부터 불황은 예고되었습니다. 예를 하나 들자면 2019년 안전 자산에 대한 선호 심리가 강해지면서 나타난 장기채 금리 하락(채권 가격 상승)입니다. 불황의 단초가 정확히 무엇인지 알기 어렵지만, 시장 분위기는 불황을 예감하고 있었다고 볼 수 있습니다.

2021년 초반에도 장기채 금리가 상승하면서 인플레이션에 대한 우려가 커졌습니다. 경기 회복에 대한 기대감도 물론 있었지만 연준이 기준금리를 올릴 것이라는 예상이 일찌감치 나왔기 때문입니다. 이런 이유로 장기채, 특히 미 국채 금리가 변동할 때 시장에서 주요 뉴스로 회자되곤 합니다.

이를 두고 김학균 신영증권 리서치 센터장은 "장기채 시장에서 목격되는 중앙은행의 통화정책에 대한 예측, 경기에 대한 전망 등은 시장 참여자들의 집단 지성으로 결정된다"고 말하기도 했습니다.[12] 각 금융사와 기관에서 엄선된 투자 전문가들의 선택과 결정이 모여 '하나의 현상'으로 수렴된다는 것이죠.

심상치 않았던 2019년 금리의 움직임

2019~2020년 우리나라 금융권을 뒤흔든 사태가 있었습니다. 앞서 간단히 언급한 DLF 사태입니다. 원금 손실 가능성이 낮다는 은행 창구 직원의 약속과 달리 상당수 DLF 투자자는 원금의 90% 이상을 잃었습니다. DLF는 불완전 판매 논란까지 불거지면서 은행과 투자자 간 법정 다툼으로 비화되었습니다. 이 와중에 은행의 도덕성과 신뢰성은 큰 타격을 받았죠.

본디 DLF는 DLS^{Derivatives Linked Securities}라는 파생결합증권을 여러

개 묶어서 파는 상품이었습니다. DLS의 남매격 상품으로 ELS(주가연계증권)가 있는데, ELS는 주가를 기준으로 '어느 기준선 밑으로 내려가지 않으면 이자를 지급한다'고 약속된 상품입니다. 예를 들어 코스피 1,500선 밑으로 내려가지 않으면 3% 이자를 주겠다는 식이죠. (DLS는 이자율, 환율, 신용위험지표, 실물 자산 등 다양한 기초자산 가격에 투자하고, 이중 채권도 있습니다. ELS처럼 이들 기초자산의 가격이 특정 범위에서 움

■ 독일 국채 10년물 금리 추이

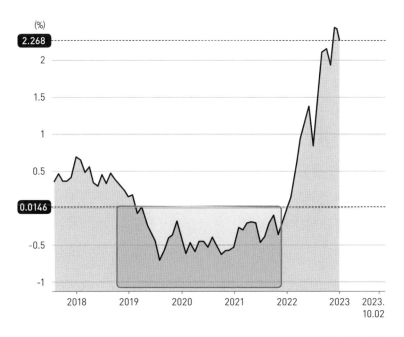

출처: 인베스팅닷컴

▶ 네모로 표시한 구간이 마이너스 손실을 기록한 시기다.

직이면 이자와 함께 원금을 줍니다.)

이 DLF가 문제가 된 것은 예상치 못한 블랙스완 발생 때문입니다. 간단히 설명하자면, 독일 국채 금리를 추종하는 DLS 상품에서 사고가 난 것이죠. 독일 국채 금리가 예상 밖으로 바닥을 뚫고 내려가 마이너스 손실이 발생했고, 계약에 따라 투자자들의 손해가 더욱 커지게 되었습니다. 여기서 마이너스 손실은 녹인knock in 구간 진입을 뜻합니다. 녹인은 지수가 일정 기준선 밑으로 내려갔을 때 새로운 계약 옵션이 발동되는 것을 의미하며, DLF의 경우 투자자의 손해가 커지는 계약 옵션이 발동되었습니다.

독일 국채 금리가 왜 하락하다 못해 마이너스 수준으로 떨어졌을까요? 안전 자산 선호 심리가 강해진 데 있습니다. 손해를 조금 보더라도 독일 국채를 사겠다는 수요가 조금씩 모여서 금리가 마이너스로 떨어진 것입니다. 달리 말하면 독일 국채를 웃돈을 주고서라도 사려는 심리가 커지다 보니 원금보다 더 높은 가격에서 거래되었습니다. 만약 채권 시장 참여자의 경기를 보는 심리가 심각하게 나쁘지 않았다면 독일 국채 금리는 마이너스까지 내려가지 않았을 테고, DLF 등에서 예상치 못한 손실은 발생하지 않았을 것입니다.

대표적인 안전 자산인 미 국채의 금리(수익률) 동향도 비슷했습니다. 2018년 10월만 해도 3.2%였던 금리가 2019년 중반 1.4%대로 떨어집니다. 이 같은 분위기에 연준은 2019년 7월 기준금리를 0.25%p 인하해 2.25%로 맞추며 대응했습니다. 즉 경기 부양을 통해 혹시 모를 불황의 충격에 대비하고 있었죠.

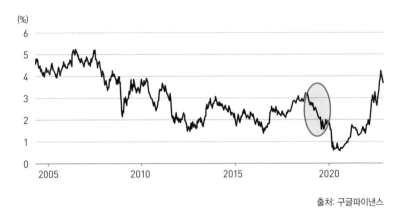

■ 미 국채 10년물 수익률

출처: 구글파이낸스

▶ 2018~2019년 수익률이 점차 하락하며 불황의 조짐이 보이기 시작했다.

채권 분야 외의 경제 전문가들도 2019년 경기 하강과 2020년 경기 불황을 예상했습니다. 실제로 월스트리트저널WSJ이 경제 전문가 60명 대상으로 2018년 12월 7~11일 설문조사를 진행한 결과, 50% 이상의 응답자가 2020년 불황을 내다봤습니다.[13]

2008년에도
불황의 조짐은 있었다

2008년 글로벌 금융 위기 직전에도 경기 침체에 대한 우려가 존재했습니다. 2005년 서브프라임모기지 사태로 누적된 신용 부담이 은행 부실화로 이어지리라는 예상이었죠. 서브프라임모기지 사태는 2000년대 초반 부동산 경기가 과열되자 과하게 늘린 중하위 신용자의 대출 자산이 연준의 금리 인상으로 부실화되며 발생했습니다. 은행들은 연쇄적으로 위기에 빠졌고, 리먼브라더스사까지 파산하게 되었죠. 결국 미국 정부의 개입 없이는 금융사의 연쇄 도산을 막을 수 없는 지경에 이르렀습니다.

2008년 2월 펴낸 대외경제정책연구원의 '서브프라임 사태와 미국 경제의 향방' 보고서에 따르면, 2008년 1월 CDS Credit Default Swap 스프레드가 상승하는 등 위험 자산을 회피하는 양상이 시장에 뚜렷했습니다(CDS는 부도 가능성을 금리로 예측한 것을 말함). 미국의 주요 투자은행인 웰스파고 Wells Fargo의 CDS 스프레드는 2008년 1월 이전에 86.4라는 사상 최고치를 기록하기도 했죠. 신흥시장 위험 선호를 나타내는 JP모건의 EMBI Emerging Market Bond Index 글로벌 스프레드는 2007년 상반기 168.5에서 하반기 들어 225.7로 급상승했습니다.

리먼브라더스가 파산을 선언하기 약 두 달 전인 2008년 6월 독일의 국채 수익이 가파르게 하락하며 채권 가격이 상승하기도 했습니다. '뇌관이 무엇일지 모를 뿐' 언제 터질지 모를 시한폭탄 같은 분위기가 금리에 고스란히 담겨 있었던 것입니다.

TIP 위기가 의심될 때는 Ted 스프레드를 보자

위기 이후 나타나는 심리도 금리 추이로 읽을 수 있습니다. 정확히 말하자면 채권 시장 참여자들이 느끼는 경기 불안의 정도겠죠. 이런 불안 정도를 나타내는 지표 중 하나가 Ted 스프레드입니다. 미 국채와 리보(LIBOR, London Interbank Offered Rate) 금리의 격차를 나타낸 것이죠. 참고로 리보는 영국 런던의 은행들이 서로 빌린 자금이나 대출을 받는 기업 및 개인이 지불해야 할 이자율을 결정하는 시장금리입니다.

리보는 다양한 기간(1개월, 3개월, 6개월 등)의 단기 금리를 제공하며, 이를 기반으로 대출금리나 채권금리 등 다양한 금융상품의 기준금리로 사용됩니다. Ted 스프레드는 위기가 닥치면 불쑥 상승하는 편입니다. 아래 그래프만 보더라도 2007~2009년 글로벌 금융 시장의 불완전성을 알 수 있습니다.

■ Ted 스프레드

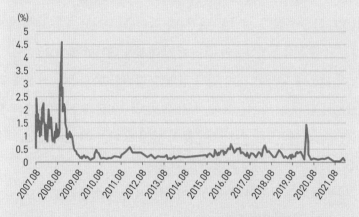

출처: 매크로트렌드(www.macrotrends.net)

▶ 불쑥 솟은 두 구간은 각각 글로벌 금융 위기와 코로나19 팬데믹이다.

양적완화는
'슈퍼 항생제'다

불황이 오면 중앙은행은 금리를 내려 경기를 부양하려고 합니다. 그렇다면 불황보다 심각한 위기, 즉 금리를 내려도 도통 나아지지 않는 극심한 디플레이션일 때는 어떤 대책을 내놔야 할까요?

이 때문에 등장한 것이 앞서 설명한 '양적완화'입니다. 시장에 푸는 돈의 양을 늘린다는 뜻의 이 경제 용어는 미국에 큰 위기가 닥친 2008년 글로벌 금융 위기 직후부터 널리 쓰이기 시작했고, 2020년 코로나19 위기 때 다시 회자되었습니다.

양적완화는 기존의 '간접적이자 전통적'인 방식(금리 및 지급준비율 인하)과 달리 '직접적'인 방식입니다. 돈을 '직접 대놓고' 살포하기 때문이죠. 화폐 발행 권한(발권력)이 있는 중앙은행이 시중 채권을 사들이는 방식입니다. 중앙은행이 시장에 돈을 직접 살포하는 것이나 다름없어서 화폐 가치 하락은 물론 이후 인플레이션까지 자극할 수 있죠. 다시 말해 화폐 가치의 희생을 감수하더라도 경기를 살리겠다는 강력한 의지가 담겨 있습니다. 인간으로 치면 일반 항생제(금리 인하)가 들지 않아 슈퍼 항생제(양적완화)라는 비방을 쓰는 것으로 비유할 수 있습니다.

다만 양적완화는 미국 달러처럼 전 세계에서 통용되는 통화를 가진 국가만 가능합니다. 즉 해당 국가의 중앙은행이 화폐를 엄청 찍어내도 이를 소화해줄 만큼 시장이 넓어야 하죠. 소화불량이 되거나 다 먹지 못한다면, 그게 바로 인플레이션이 됩니다. 좀 더 심해지면 '하이퍼 인플레이션'이 되죠. 다시 말해 미국(달러), 일본(엔), 유로존(유로) 정도여야 양적완화가 가능하고, 이마저 미국에서 가장 '화끈'하게 할 수 있습니다.

양적완화란 무엇일까?

시장에 돈을 푸는 방법은 생각처럼 간단하지 않습니다. 한국은 특히 더 그렇습니다. 코로나19 위기에 정부는 재난지원금 명목으로 현금을 직접 지원했지만, 대부분은 정부가 씀씀이를 늘리거나 시중은행의 대출을 독려하는 형태였습니다. 그나마도 물가 추이를 보며 신중하게 진행했습니다. 특히 국민에게 직접 현금을 쥐어 줄 때는 더욱 신중해야 했죠. 물가가 오른다면 현금 지급 효과가 상쇄되기

때문입니다. 재난지원금이 살포되자 동네 돼지고기 가격이 올라간 게 한 예입니다.[14]

한편 대규모 인프라 투자를 통해 물가를 되도록 자극하지 않으면서 유효 수요(돈을 쓸 수 있는 여력)를 늘리는 방법도 있습니다. 20세기 경제학의 거목인 존 메이너드 케인스John Maynard Keynes가 정립한 이 방식은 1930년대 경제대공황부터 21세기 경제 위기까지 통용되었습니다. 그러나 만성화된 디플레이션 국가에는 이마저 통하지 않습니다. 디플레이션 함정에 빠진 일본 경제가 대표적인 예이고, 2010년대에 재정 위기를 겪은 유럽 국가들도 비슷한 상황이었죠.

이런 국가들에게 슈퍼 항생제처럼 쓸 수 있는 게 바로 양적완화입니다. 매개체는 시중에 있는 채권입니다. 발권력을 독점적으로 가진 중앙은행이 국고채나 MBS, 경우에 따라 회사채 등의 채권을 사들이는 방식이죠. 채권 매입에 드는 돈은 중앙은행이 보유한 현금과 새로 발행한 화폐로 충당합니다.

양적완화는 좁은 의미로는 중앙은행이 국채를 매입해 경기 부양을 하는 것이고, 넓은 의미로는 중앙은행이 보유 자산(주로 채권) 규모를 확대해 시장에 만연한 신용 위험을 줄이는 정책입니다.

중앙은행이 채권을 매입하면 시중금리 하락도 기대할 수 있습니다. 이론상 중앙은행은 새로 발행한 돈을 통해 채권을 무한정 사들일 수 있습니다. 채권 시장의 수요를 받쳐주면서 채권을 사는 플레이어 역할을 하는 것이죠. 꾸준하게 사주는 수요가 있다면 채권 가격은 하락하지 않는 상태에서 안정적인 수준을 유지할 수 있습니다.

슈퍼 항생제,
일본이 먼저 맞았다

중앙은행이 적극 개입해 경기를 살리고자 했던 시도는 일본에서도 찾아볼 수 있었습니다. 1990년대 거품 경제 붕괴 후 장기 디플레이션에 시달리던 일본은 중앙은행인 일본은행을 통해 기준금리를 제로 수준으로 낮추고 시중 채권 매입에 나섭니다.

일본은 2001년 3월 자산 매입 정책을 처음 도입해 국채를 매입하면서 양적완화의 시동을 걸었습니다. 벤 버냉키 전 연준 의장도 이 정책에 상당한 영감을 받은 것으로 알려졌죠. 이후 2008년 글로벌 금융 위기를 기점으로 일본은행은 적극적인 자산 매입에 나섭니다. 2009년 1월부터는 회사채를 매입했고, 2010년 10월에는 CP나 ETF 등 국채보다 비교적 더 위험한 자산도 매입합니다.

민간에서 발행한 채권을 일본은행이 매수한 이유는 국채 금리와 기업 등이 발행한 채권 금리의 격차(스프레드)를 줄이기 위해서입니다. 일본은행이 국채만 계속 매입한다면 국채 시장만 비대해질 가능성이 있습니다. 국채에 채권 수요가 몰리고 회사채 시장이 소외된다면 일본 국내 경제에 결코 반가운 상황이 아니죠. 이런 이유로 일본은행은 민간 채권 시장에도 개입하며 민간 금리까지 낮추려고 노력합니다. 이를 두고 '질적완화qualitative easing'라고 부릅니다.

일본 정부는 이 같은 자산 매입 정책으로 두 가지 효과를 기대했습니다. 첫 번째 효과는 국채 금리를 일정하게 유지하는 것입니다.

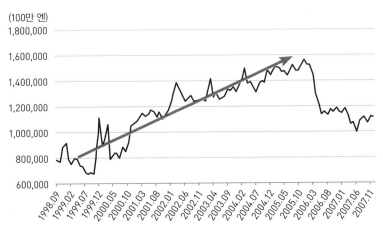

(100만 엔)

출처: FRED

▶ 2005년 일본은행의 자산 규모가 1998년 대비 2배 가까이 늘었다.

금리가 이렇게 낮게 유지되면 시장금리도 낮아지면서 일본 정부는 이자 부담을 덜게 됩니다. 그전까지 일본은행이 일본 국채를 거의 무제한으로 사주면 일본 정부는 시장에 저금리로 자금을 조달했고, 결과적으로 일본 정부의 부채 규모는 천정부지로 올랐습니다.

두 번째 효과는 엔화 가치 하락에 따른 일본 수출 기업의 가격 경쟁력 향상입니다. 아베 신조 전 일본 총리가 2013년 재집권을 하며 노린 부분이기도 합니다. 실제로 아베 전 총리는 그전과 비교할 수 없을 만큼 대규모의 '돈 풀기' 정책을 펼칩니다. 이전의 양적완화가 아주 미미했다고 평가할 수 있을 정도였죠. 심각한 인플레이션에 빠

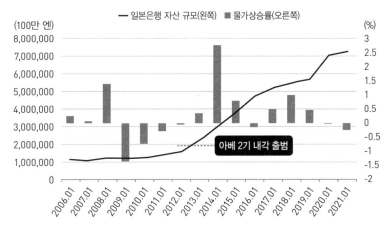

■ **일본은행의 대차대조표 기준 자산 규모와 물가상승률**

일본은행 자산 규모(왼쪽)   ■ 물가상승률(오른쪽)

출처: FRED

▶ 아베 신조 전 총리가 집권한 2012년 말을 기점으로 일본은행의 자산 규모가 매우 늘었지만, 일본 내 물가상승률은 초반을 제외하고 거의 변화가 없다.

진 일본 경제를 살리기 위해 슈퍼 항생제를 들이부은 격입니다.

이 같은 노력에도 일본 경제는 디플레이션에서 벗어나지 못했습니다. 2022년 전 세계 중앙은행이 기준금리를 올리는 와중에도 일본은행은 홀로 0% 금리를 고집했습니다. 다른 나라와의 금리 격차에 따른 자본 유출 우려가 크긴 했지만, 30년 가까이 고질화된 디플레이션과 정부 부채가 심각했기 때문입니다. 출구 전략 없이 들이부은 돈 풀기 정책의 부작용이라고 할 수 있습니다.

코로나19 위기에
양적완화로 대응한 미국

2008년 글로벌 금융 위기를 겪은 미국은 2016년까지 양적완화를 진행했습니다. 그러다 2020년 코로나19 팬데믹이 심각해지자 다시 양적완화를 꺼내 들었고, 연준은 매월 1,200억 달러 규모의 국채와 MBS를 사들였습니다.

코로나19 팬데믹 충격을 미국이 얼마나 심각하게 받아들였는지는 연준의 자산 매입 규모에서 알 수 있습니다. 2020년 2월 말 4조 1,586억 3,700만 달러였던 연준의 자산 규모는 2022년 8월 말 8조

■ **연준 자산 규모 추이**

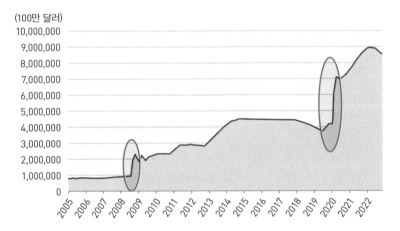

(100만 달러)

출처: FRED

▶ 2008년 글로벌 금융 위기와 2020년 코로나19 팬데믹 때 연준의 자산 규모가 크게 증가했다.

7,955억 6,700만 달러에 달합니다. 코로나19 팬데믹 기간에 2배 규모가 된 것이죠. 2008년 글로벌 금융 위기 때도 자산 규모가 크게 늘었지만 절대액수로는 전례가 없을 정도입니다.

문제는 출구 전략입니다. 비정상적으로 늘려놓은 통화량을 회수하지 않으면 인플레이션 우려가 커질 수밖에 없으니까요. 2008년 글로벌 금융 위기 이후 연준은 뿌린 달러를 회수하는 정책을 썼고 세계 경기는 불황을 우려할 만큼 부침을 겪었습니다.

양적완화 이후가
더 고통스럽다

2020년 말 한국 국내 기준금리가 0.5%를 가리키자 시중은행들은 불현듯 신용대출 기준을 강화합니다. 1~2등급 신용자에게 내주던 신용대출 금리를 상향 조정(우대금리 폐지나 축소)하고 주택담보대출의 기준도 강화했죠. 가계대출 '조이기'에 나선 것입니다.

대출 자산이 계속 늘어나면 이자 수익이 늘어나 은행들은 좋을 텐데 왜 이런 조치에 들어갔을까요? 금융위원회 등 금융당국에서 급증하는 가계대출을 우려하며 이를 시중은행에 전달한 이유가 큽니다. 경기 회복과 무관하게 집값과 주가지수가 뛰고, 그에 따라 대출 수요가 급증했기 때문입니다.

금융당국의 대출 조이기는 2021년 내내 이어집니다. 갑작스레 대출을 받지 못하게 된 주택구매 예정자나 전세 세입자들은 발을 동동 굴렸죠. 언론 매체에서는 이러한 사람들의 이야기를 부지런히 보도

했습니다.

2021년 여름부터는 금융당국이 직접적이자 노골적으로 가계대출에 대한 우려를 드러냅니다. 정은보 당시 금융감독원장은 "퍼펙트 스톰(심각한 글로벌 경제 위기)이 우려된다"고 말하기까지 했죠. 금융당국 수장의 말 한마디가 중하게 해석될 수 있음을 고려하면 이례적인 발언이라고 할 수 있습니다.

금융당국이 퍼펙트 스톰이라는 과격한 말까지 써가면서 시중은행에 압력을 가한 본질적인 이유는 무엇일까요? 바로 언젠가는 양적완화가 종료되고 금리가 올라가리라는 것을 직감하고 있었기 때문입니다. 양적완화 종료 후에 닥칠 후폭풍과 부작용을 체감적으로 알고 있었던 것이죠(다만 기준금리를 최저 수준인 0.5%로 낮추고 시중은행의 대출을 규제한 것은 '구멍뿐인 규제'라고 평가할 수 있습니다).

글로벌 금융 위기에 따른
양적완화의 여파

2008년 글로벌 금융 위기로 전 세계 금융 시장에 빨간불이 켜지자 연준은 과감히 대규모 양적완화를 시행했습니다. 2012년까지 세 차례에 걸쳐 달러를 풀었고, 2012년 12월부터는 채권 매입 규모를 850억 달러로 확대했죠.

그러나 언제까지 달러를 무한정 풀 순 없었습니다. 금융 시장 안

■ 미국 양적완화 주요 내용

1차 양적완화	• **2008년 11월 25일:** 연준은 1,000억 달러 규모 정부보증모기지채권과 5,000억 달러 규모의 모기지유동화증권(MBS)를 매입하고 TALF라는 새로운 대출 프로그램에 2,000억 달러 투입 계획을 발표함 • **2008년 12월 16일:** 기준금리를 종전 1.0%에서 0~0.25%로 낮추고 국채와 모기지채권을 대규모로 매입해 통화 공급량 자체를 늘리는 양적완화로의 전환을 선언함 • **2009년 1월 28일:** 연준은 장기채 매입을 통한 양적완화 정책을 본격 추진하겠다고 발표함 • **2009년 3월 18일:** 연방공개시장위원회는 향후 6개월간 3,000억 달러 규모의 장기 국채를 직접 매입하겠다고 발표함 • 1차 양적완화는 2010년 1분기에 끝났고 총 1조 7,000억 달러가 투입됨
2차 양적완화	• **2010년 11월 3일:** 연방공개시장위원회 회의에서 6개월간 6,000억 달러 규모의 추가 양적완화(QE2)를 시행한다고 발표함 • 2011년 6월 30일 종료
3차 양적완화	• **2012년 9월 13일:** 연방공개시장위원회는 매달 400억 달러 규모의 주택담보부증권(MBS)를 사들이기로 결정함 • 2014년 말로 예정된 초저금리 기조도 2015년 중반까지 6개월 연장
추가	• **2012년 12월 13일:** 연방공개시장위원회는 매달 450억 달러 규모의 미국 국채를 추가로 사들여 매달 채권 매입 규모를 850억 달러로 확대키로 결정함

출처: 원종현, "금융위기 이후 주요국의 통화정책 내용과 동향"(국회입법조사처, 2016)

정화를 위해 뿌린 '비상용 달러'이자 '슈퍼 항생제'와 같았기에 건강을 회복하는 대로 약을 끊을 필요가 있었죠. 이때까지만 해도 인플레이션에 대한 우려가 덜했기 때문에 연준은 2014년 중반부터 테이퍼링을 선언하고 점진적인 금리 인상을 언급합니다.

본격적인 양적긴축^{QT}, 그러니까 달러를 거둬들이는 정책은

2017년 말부터 시작되었습니다. 연준은 2018년 10월부터 분기마다 100억 달러씩 줄이는 것을 목표로 양적긴축의 고삐를 당깁니다. 연준의 대차대조표상 자산 규모는 2017년 말 4조 4,490억 달러에서 2019년 9월경 3조 8,450억 달러로 줄어듭니다.

이 기간(2017년 말~2019년 9월) 양적긴축 규모는 약 6,700억 달러였습니다. 3년이 채 안 되서 연준 자산이 15%가량 감소한 것이죠. 2008년 글로벌 금융 위기 이후 늘어난 연준의 자산 규모와 비교하면 자산 감소 폭은 턱없이 적은 수준이었고, 금리 상승 폭도 2022년과 비교하면 완만한 편이었습니다. 그러나 금융 시장은 충격을 받았습니다. 한 예로 달러 대비 원화 환율도 이 기간 1,050원에서 1,200원까지 오릅니다. 아르헨티나, 튀르키예, 브라질, 인도네시아 등 신흥국에서 자본 유출이 일어나 이들 국가의 CDS프리미엄이 올라가기도 했습니다. 신흥국을 중심으로 국제적 경기 불황에 대한 우려까지 제기된 것이죠.

2019년 2월 크리스틴 라가르드Christine Lagarde IMF(국제통화기금) 총재는 세계정부정상회의에서 "미중 통상마찰, 브렉시트, 금융 긴축, 중국 경제 성장 둔화는 세계 경제를 위협하는 4대 먹구름"이라고 말하며 글로벌 경제 성장 둔화를 우려했습니다. 결국 연준은 2019년 9월에 양적긴축을 중단합니다. 미국 내 단기 대출금리가 급등하는 등 심상치 않은 조짐에 숨 고르기에 들어간 것이죠. 연준이 기준금리 인하에 들어갔지만 코로나19 팬데믹이 닥치자 경기 침체 우려가 다시금 커졌습니다.

뿌린 만큼
부작용도 크다

금리 인하나 양적완화 등 시장에 대출을 늘리는 정책은 경제 성
장을 촉발하지만, 대출이 과도하게 늘어나면 외부 충격에 취약해집
니다. 금융이나 실물 부문에 위기가 닥치면 급격한 자산 가격 하락
과 실물 경제 활동이 위축될 수 있습니다. 침체의 폭과 기간을 키우
고, 더 나아가 금융 위기를 야기하는 것이죠. 코로나19 팬데믹에 따
른 외부 충격이 크게 느껴졌던 것은 글로벌 금융 위기 이후 쌓여온

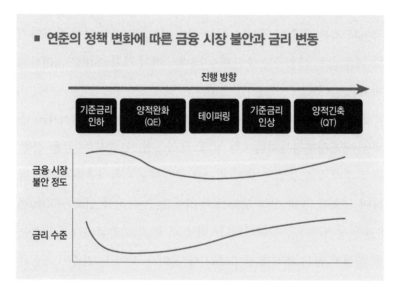

▶ 금융 시장은 연준의 양적완화와 테이퍼링으로 안정화되었다가 기준금리 인상과 양적긴축으로
　불안 심리가 퍼지며 시장금리 또한 상승했다.

부채 리스크와도 무관하지 않습니다.

실제로 여러 연구에 따르면 가계부채 확대가 은행 위기 발생률을 높이는 것으로 나타났습니다. 2005년 서브프라임모기지 사태가 비근한 예입니다. 중장기적으로 자산 가격 조정 등의 부정적 충격이 발생한다면 금융 시스템이 일시에 마비되고 실물 경제가 위축될 가능성까지 커집니다. 또한 가계부채가 많을수록 소비 수준이 더욱 줄어들 수밖에 없습니다.

고조되는
스태그플레이션 분위기

2020년 후반기부터 2022년 상반기까지 우리나라 금융당국은 가계대출을 옥죄는 정책을 펼쳤습니다. 언젠가는 연준의 양적완화가 끝나고 기준금리가 인상되리라고 누구나 예상할 수 있던 시기였죠. 양적완화 이후 찾아온 양적긴축의 부작용을 2017~2019년에 한 번더 체감한 영향도 컸습니다. 그 당시 전 세계 자산 시장이 위축되면서 우리나라 금융사와 자산운용사들이 해외 부동산 등의 투자에서 큰 손해를 보았습니다. 한때 한국 최대 전문 투자펀드라고 추앙받던 라임투자펀드가 2019년 몰락한 것도 이 같은 투자 실패에서 비롯되었다고 할 수 있죠.

더욱이 2020년에서 2021년 말까지 2년이 채 안 되는 동안 각

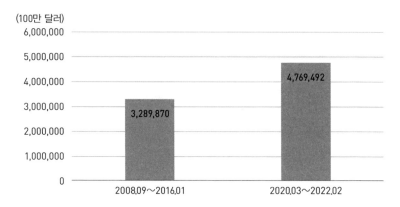

■ 대차대조표 기준 기간별 연준 자산 증가액

(100만 달러)

출처: FRED

▶ 팬데믹 극복을 위한 양적완화(2020~2022년) 시기에 단기간 자산 규모가 급격히 늘었다.

국 중앙은행의 자산 규모는 급속히 늘었습니다. 한 예로 연준은 2008년 9월부터 2016년 1월까지 자산 규모를 3조 2,899억 달러로 늘렸습니다. 그러나 2020년 3월부터 2022년 2월까지 이보다 더 많은 4조 7,695억 달러를 풀었죠. 글로벌 금융 위기와 비교할 수 없을 만큼 단기간에 달러를 더 많이 푼 것입니다. 이 정도면 인플레이션이 오지 않는 게 이상할 정도네요. 2022년 연준이 과감하고 강력한 양적긴축과 금리 인상에 나설 수밖에 없었던 이유입니다.

참고로 연준은 2022년 6월부터 보유한 채권을 매각하는 방식이 아닌 만기가 도래한 채권을 정산하는 방식으로 양적긴축을 진행하고 있습니다. 만기 도래 채권에 대해 미국 재무부로부터 원금을 받

고, 이와 같은 양의 지급준비금을 덜어내서 대차대조표상 자산 규모를 줄이는 방식입니다.[15]

문제는 이후에 나타날 부작용입니다. 2017~2019년 세계 경제는 만만치 않은 양적완화의 부작용을 겪었습니다. 2023년 이후 세계 경제에 대해 우려되는 점은 물가 상승이 이어지는 가운데 경기는 나빠지는 '스태그플레이션' 심화입니다.

한국의 2022년도 경제성장률은 2.6%이며, 2023년에는 이보다 낮은 1.9%로 전망됩니다. 경기 둔화에 따른 소비 심리 위축과 실질소득 감소로 민간 소비 증가율도 2.5% 밑으로 줄어들 것으로 예상되고 있습니다.

불완전해도 인플레이션에는 금리 인상이 직방이다

2022년 전 세계를 강타한 인플레이션의 원인에 대해서는 여러 의견이 분분합니다. 주로 지목되는 원인은 2020년 코로나19 팬데믹을 극복하고자 각국 중앙은행이 늘린 통화량이지만, 상당수 원인은 공급망 문제에서 찾아볼 수 있습니다. 코로나19 극복과 더불어 소비 수요가 증가했지만, 이를 충족할 만한 공급이 충분하지 못했다는 것이죠.

이 때문에 기준금리 인상과 양적긴축만으로는 인플레이션 문제를 완전히 해결할 수 없다는 의견이 대두되었습니다. 애초에 공급 부족으로 인플레이션이 일어났는데, 금리만 올려 기업과 근로자만 힘들어졌다는 것이죠. 러시아-우크라이나 전쟁 등으로 국제 유가, 천연가스, 곡물 가격이 오른 것이 그 예입니다.

한편 대다수 경제 전문가와 정책 담당자들은 기준금리 인상이 효

율적인 해법이라고 판단합니다. 1970~1980년대 초까지 이어진 연준의 기준금리 인상으로 인플레이션을 잡았던 것을 예로 들곤 하죠. 당시에도 산유국 소련이 아프가니스탄을 상대로 전쟁을 일으켰고, 또 다른 산유국인 이란은 정세 불안에 시달렸습니다. 국제 유가가 고공행진을 이어갈 수밖에 없었죠. 이때를 일컬어 '제2차 석유파동' 또는 '제2차 오일쇼크'라고 합니다. 이름에서 당시 공급망 위기가 지금보다 훨씬 심각했음을 짐작할 수 있습니다.

러시아-우크라이나 전쟁으로 더욱 커진 지정학적 위기

2022년 2월 24일 러시아가 우크라이나를 침공하면서 전 세계가 술렁였습니다. 러시아는 주요 산유국이자 유럽에 천연가스를 공급하는 자원부국이고, 우크라이나는 동유럽 최대 곡물생산지입니다. 즉 서유럽과 멀지 않은 지역에서 일어난 석유부국(러시아)과 유럽 주요 곡물생산국(우크라이나)의 전쟁으로 석유와 식량 유통에 차질이 빚어졌죠.

한국개발연구원이 발간하는 〈나라경제〉 2022년 7월호에서 하준경 한양대 경제학부 교수는 "코로나19와 함께 러시아-우크라이나 전쟁이 전 세계 물가 상승의 주요 압박 요인"이라고 진단했습니다. 중국의 코로나19 봉쇄 조치가 완화되는 와중에 국제 원유 수요가 높아졌지만, 러시아산 원유 수입이 제한되면서 국제 유가가 상승 압박을 받았다는 의견입니다.

실제로 곡물 가격은 국제 유가가 지속적으로 상승하는 과정에서 코로나19 팬데믹과 러시아-우크라이나 전쟁의 영향을 크게 받았습니다. 2020~2021년은 코로나19 팬데믹에 따른 농업 활동 부진과 곡물 유통량 감소가 주요 원인이었지만, 2022년은 전쟁 불안이 곡물 가격을 뒤흔든 것이죠.

식량농업기구FAO가 발표하는 세계식량가격지수에서 이 같은 상

■ **세계식량가격지수**

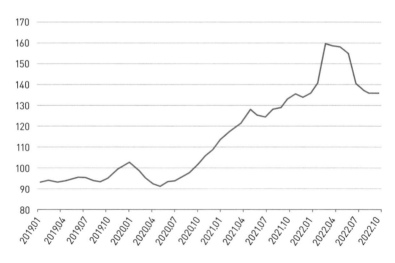

출처: 식량농업기구

▶ 코로나19 팬데믹으로 상승한 세계식량가격지수는 러시아-우크라이나 전쟁의 영향으로 상승세를 이어가고 있다.

황은 명확히 드러납니다. 2019년에는 평균 95.1이었던 이 지수는 코로나19 팬데믹의 영향으로 2020년 12월 108.6으로 크게 오릅니다. 그러다 러시아-우크라이나 전쟁의 영향으로 2021년 12월 133.7로 급등한 이후에 2022년까지 이 추세가 이어지고 있죠.

세계의 공장, 중국의 변화

코로나19 팬데믹과 러시아-우크라이나 전쟁은 일시적인 현상일 뿐이라는 의견도 있습니다. 국제 공급망의 구조적 변화에 주목해야 한다는 뜻입니다.

2000년대 세계의 공장을 자임하며 전 세계 시장에 저가 공산품을 공급해온 중국에서 인건비가 상승하자, 미중 무역 전쟁 심화로 중국이 부담해야 하는 비용 또한 늘어나게 되었습니다. 이는 2022년 중 잉은행들이 기준금리를 올리며 인플레이션을 진화하려고 했던 접근 자체가 잘못되었다는 의견으로 이어집니다.

2001년 노벨경제학상을 받은 조지프 스티글리츠Joseph Stiglitz 컬럼비아대 교수는 2022년 9월 2일 미국 경제방송 CNBC와의 인터뷰에서 "인플레이션의 가장 큰 원인은 총수요가 아니라 공급망의 교란"이라고 주장했습니다. 예전처럼 저가의 (중국산) 공산품이 충분한 양으로 공급되지 못하다 보니 생긴 인플레이션이라는 뜻이죠. 그러면서 연준이 이 같은 상황을 간과한 채 기준금리만 올려 일반 서민의 대출 이자 부담만 가중시켰다고 주장했습니다.

레이널 브레이너드Lael Brainard 연준 부의장도 영국 유력 일간지 〈가디언The Guardian〉과의 2022년 10월 16일 인터뷰에서 공급망 교란과 기업들의 가격 정책을 2022년 인플레이션의 주요 원인으로 지목했습니다. 기업들이 원자재 가격 상승을 이유로 상품 가격을 더 큰 폭으로 인상했다고 부연했죠.

설령 공급망 불안으로 초래된 인플레이션이라고 해도 결국 해법은 금리 인상 등 통화정책에 있다는 의견도 있습니다. 대표적인 예가 1980년 폴 볼커Paul Adolph Volcker 당시 연준 의장하에 진행된 통화정책입니다. 당시에는 유가가 지금보다 더 큰 폭으로 오르고 미국과 이란의 전쟁이 우려되는 등 위기감이 고조되었지만, 연준의 과감한 금리 인상 덕에 인플레이션이 진화되었다는 평가를 받았죠.

공급망이 문제여도
연준은 개의치 않는다

기준금리 인상과 양적긴축 등에 부정적인 의견이 있긴 하지만 연준은 2023년에도 고금리 정책을 이어갈 것으로 보입니다. 역사적으로도 연준이 인플레이션 파이터의 면모를 보이며 기준금리를 올릴 때 더 긍정적인 평가를 받았기 때문이죠.

연준에서 부정적인 평가를 받은 인물들은 대부분 인플레이션 파이터의 면모를 제대로 보여주지 못한 경우였습니다. 대표적인 인물이 아서 번스Arthur Burns 전 연준 의장입니다. 2022년 12월 1일 랜들 퀼스Randal Quarles 전 연준 이사는 미국 일간지 〈데저렛 뉴스Deseret News〉에 쓴 기고문에서 번스 전 연준 의장을 '대악마'에 비유했습니다. 그러면서 인플레이션 조짐이 보인 1970년대에 기준금리 인상 및 유지에 소극적인 태도를 보이면서 미국은 물론 세계 경제를 인플레이션의 늪에 빠뜨렸다고 비난했죠.

번스 전 의장은 인플레이션 분위기가 짙어지던 1970년 1월에 연준 의장에 취임했습니다. 당시 기준금리는 8%대였지만 그는 3%대까지 떨어뜨렸죠. 리처드 닉슨 당시 대통령이 경기 활황을 원하며 금리 인상을 꺼렸기 때문에 정부 기조에 발을 맞춘 것입니다.

1973~1974년 제1차 오일쇼크에 따른 유가 급등으로 물가가 치솟자 번스 전 의장은 1974년 7월 기준금리를 13.6%까지 올립니다. 그러다 경기 침체 우려가 커지자 10개월 만인 1975년 5월에 5.24%까지 끌어내리죠. 정치권에 끌려 다니며 일관된 정책을 내지 못하자 이후 미국 경제는 고물가와 불경기가 동시에 오는 스태그플레이션에 빠졌습니다.

1978년 번스 의장이 퇴임할 때 인플레이션은 통제 불가능한 수준이었고, 1979년 8월 취임한 폴 볼커 전 연준 의장은 1981년 기준금리를 19.29%까지 올립니다. 전례 없는 기준금리 인상 속도와 고금리 정책으로 실업률은 10%를 넘었고, 전 세계 사람들이 볼커를 비

■ 연준 기준금리와 서부 텍사스산 원유(WTI) 선물 가격 변동 추이

출처: 블룸버그 마켓(Bloomberg Markets)

▶ 연준의 기준금리 인상 시기와 WTI 가격 하락 시기가 맞물려 있다.

난했죠. 1982년 이후에야 물가가 안정을 찾고 경기도 회복되었습니다.

제롬 파월 현 연준 의장은 연설을 할 때 폴 볼커를 수차례 언급하고 있습니다. '제2의 볼커'가 되고 싶어 한다는 후문이 있을 정도죠. 따라서 전 세계가 파월 의장을 비난해도 금리 인상 기조를 포기하지 않을 것으로 보입니다.

이를 반영하듯 2022년 12월 연방공개시장위원회 의사록을 보면 물가상승률을 2%대로 끌어내리는 방법으로 금리 인하를 선택하지 않을 것임을 확인할 수 있습니다. 즉 연준의 의지가 한시적일 것이라고 과소평가해서는 안 됩니다.

연준은 경기와 물가
두 마리 토끼를 늘 놓친다

2022년 세계 각국은 연준을 원망했을 것입니다. 만성화된 디플레이션에 금리를 올릴 수 없던 일본은 물론 유럽, 한국, 대륙별 신흥국들의 원성이 자자했죠. 연준이 최근 40년간 전례가 없을 정도로 금리를 급박하게 금리를 올렸기 때문입니다. 그만큼 미국 내 인플레이션 상황이 심각했습니다.

달리 생각해보면 지금의 인플레이션은 비정상적이라고 할 수 있습니다. 2019년 말까지 10년 가까이 전 세계 주요국들은 저성장에 따른 저물가를 우려했습니다. 일본과 같은 디플레이션에 직면할까 걱정했던 것입니다.

이후 코로나19라는 돌발 변수가 이 모든 것을 바꿔놓았습니다. 각국 중앙은행들은 코로나19가 몰고 온 단기 쇼크와 경기 침체를 막기 위해 금리를 낮추고 돈을 풀었죠. 결과적으로 2021~2022년 전 세계를 강타한 인플레이션은 코로나19로 촉발된 경제 위기를 이겨내기 위해 통화량을 늘리면서 초래되었다고도 볼 수 있습니다(물론 유가 상승, 러시아-우크라이나 전쟁 등의 요인도 있습니다).

여기서 하나 의문점이 있습니다. 전 세계 최고 금융 엘리트들이 모인 곳이 연준인데, 왜 연준에서는 인플레이션을 진작 예상하지 못하고 뒤늦게 기준금리 긴급 인상이라는 수습에 나서야 했을까요?

연준은 왜 선제적이지 못했을까?

전 세계적인 인플레이션의 조짐은 2021년부터 감지되었습니다. 2020년 말부터 장기채 금리가 오르고, 2021년 4월부터 소비자물가지수CPI 상승률이 4%를 넘어섰죠. 애초에 연준이 용인하겠다던 2% 평균선을 훌쩍 넘은 것입니다.

이후 1년 가까이 연준은 기준금리 인상을 꺼렸고 2022년 3월에서야 나섭니다. 기준금리 인상 약발이 잘 먹히지 않자 0.75%p씩 네 차례에 걸쳐 올리다가 2022년 12월에는 0.5%p를 올렸죠. 2022년 미국 연방기준금리는 0~0.25%에서 시작해 4.25~4.5%까지 오릅니다. 덕분에 가파른 물가 상승세도 꺾이게 되었습니다.

여기서 주목해야 할 점은 '연준이 무엇에 관심을 더 갖는가'입니다. 연준은 인플레이션과 함께 고용률에 주목했습니다. 안정을 찾아

■ 필립스 곡선

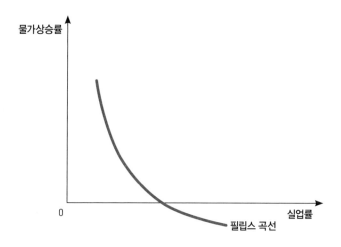

가던 미국 내 고용이 기준금리 인상으로 불안해질까 염려한 것이죠.
이는 '필립스 곡선'으로 설명할 수 있습니다. y축은 물가상승률, x축
은 실업률을 뜻하며 물가상승률이 오를수록 실업률이 낮아지는 모
양을 띱니다.

2000년대 들어 필립스 곡선이 완만해졌다는 평가를 받고 있지만,
여전히 필립스 곡선을 통해 인플레이션과 실업률이 상충관계에 있
음을 알 수 있습니다. 실업률을 낮추려면 물가상승률을 어느 정도
용인해야 한다는 뜻이기도 합니다.

실제 인플레이션 우려가 높던 2021년 6월 미국의 실업률은 6%
로 연준 목표치보다 훨씬 높았습니다. 코로나19 팬데믹 이전 수준인
4% 밑선에 맞추기 위해 연준은 2021년 말까지 돈을 계속 풀었습니

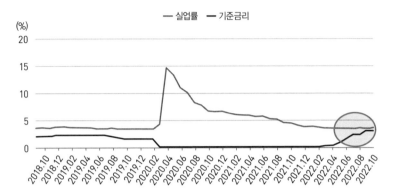

출처: 미국 노동부, FRED

▶ 2022년 2월 이후 기준금리 인상으로 실업률은 3%대를 유지한다.

다(돈을 푸는 규모를 차츰 줄이긴 했습니다). 2023년 이후에나 금리를 올린다는 입장이었던 연준은 2022년 1월 기준금리 인상을 공언했고, 그달 미국 내 실업률은 4% 선을 기록했다가 2022년 3월에는 그 밑으로 떨어집니다.

2022년 3월 당시 연준은 기준금리 인상이라는 정책 기조만으로도 물가상승률이 떨어지리라 예상했던 것 같습니다. 시장 투자자들이 금리 상승에 따른 급속한 경기 악화와 자산 시장 침체를 우려했듯, 경기 하강으로 물가상승률이 자연스럽게 떨어질 것으로 본 것입니다. 만약 전 세계적인 공급 불안이 일어나지 않았다면 이 생각은 통했을지도 모릅니다. 러시아-우크라이나 전쟁이 조기에 종식되고 중국 내 공급망 문제가 해결되었다면 말이죠.

그러나 전쟁은 여전히 끝나지 않았고 중국의 강도 높은 코로나19 봉쇄 정책도 2022년 말까지 유지되었습니다. 코로나19로 억눌린 미국인의 소비가 늘어나면서 미국 내 인플레이션은 우려할 만한 수준으로 치솟습니다.

실제로 미국의 소비 비중은 코로나19 팬데믹 이전에는 67~69% 정도였지만 2021년에는 70% 이상으로 크게 오릅니다.[16] 이 같은 소비 증가는 이례적이긴 하지만, 정부 재정 지원의 영향이 컸다고 해석되고 있습니다. 즉 정부의 재정 지원이 결과적으로 가계 가처분소득 증가로 이어졌다는 뜻이죠.

한국의 인플레이션은 어땠을까?

2019년 한국의 소비자물가상승률이 마이너스를 기록하면서 저성장과 경기 침체에 대한 우려가 나오기 시작했죠. 경기 침체에 대한 우려는 2020년 상반기까지 특히 컸는데, 이때 한국은행은 기준금리를 0.5%로 낮추고 정부는 확장 재정으로 통화량을 늘립니다. 이에 따라 물가상승률은 2021년 4월에 한국은행의 목표치인 2%를 넘었고, 2021년 8월에는 5% 선을 돌파합니다. 2022년 내내 이 같은 추세는 계속되었죠.

이 같은 물가 상승은 통화량 증가와 무관하지 않습니다. 예컨

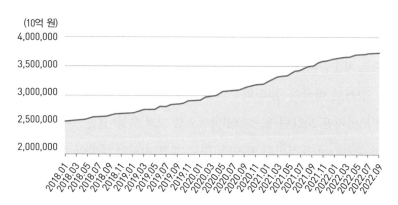

출처: 한국은행 통화금융통계

대 현금성 통화로 분류되는 M2(광의통화)는 2019년 12월에 2,913조 4,791억 원이었지만 2022년 9월에는 3,745조 7,085억 원으로 28.5% 증가했습니다.

시장에 통화량이 늘어나고 백신 보급으로 탈(脫) 코로나19 분위기가 이어지자 경기는 회복세를 보입니다. 그동안 억눌러 있던 소비에 따른 보상심리로 보복소비가 일어났고 산업용 수요도 증가합니다. 2021년 8월 한국은행은 기준금리를 0.25%p 인상했습니다. 인플레이션에 조기 대응하면서 향후 연준의 기준금리 인상에도 대응하기 위해서였죠.

그러나 수요에 비해 공급이 따라주지 못해 문제가 발생했습니다. 2021년에는 반도체 공급 부족으로 자동차와 2차전지 생산에 차질이

빚어졌고, 이는 전반적인 물가 상승을 주도했습니다. 공급망 차질에 따른 항공과 해운운임 등 물류비용 상승도 물가 상승을 견인했죠.

백신 보급에 따른 이동 제한 조치가 완화되고 원유 수요가 증가한 가운데, 러시아-우크라이나 전쟁으로 인한 원유 공급 부족에 대한 우려로 국제 유가 가격이 상승했습니다. 이는 원자재 물가 상승으로 이어졌죠. 원자재 물가상승률의 척도 중 하나인 생산자물가상승률은 2021년 11월에 9.8%까지 오르고, 2022년 10월에는 10%를 기록했습니다. 2008년 7월의 12.6%에 이어 가장 높은 수준이었죠.

원자재 가격 상승에도 한국의 소비자물가 상승률이 5%대에 머물렀던 것은 국내 소비가 구조적 부진에서 완전히 벗어나지 못한 때문으로 해석할 수 있습니다. 즉 내수 경기가 미국만큼 살아나지 못했다는 뜻이죠. 이 때문에 국내 물가 상승은 국내 요인보다 원자재 가격 상승, 공급망 차질, 환율 상승에 따른 수입 물가 상승이 주원인으로 지목되고 있습니다.[17] 거의 대부분의 에너지와 식량을 수입해야 하는 자원빈국의 애환이라고 할 수 있겠네요.

CDS프리미엄은
국가 부도 경고등이다

채권의 장점은 미래 수익을 비교적 정확히 예상할 수 있다는 점입니다. 다시 말해 만기까지 보유했을 때 얼마나 받을지 짐작할 수 있어서, 안전 자산을 일컬을 때 채권을 포함하곤 합니다.

하지만 채권도 무조건 안전한 자산이라고 볼 수는 없습니다. 앞서 말한 대로 채권을 발행한 차주가 부도를 내면, 그 채권은 휴지 조각이 됩니다. 나중에 갚는다고 해도 채권 투자자는 손실을 면하기 어렵죠.

혹시 모를 부도 가능성을 대비해 만든 것이 CDS, 즉 '신용부도스왑'입니다. 일종의 보험이라고 할 수 있죠. 평소에는 조금씩 보험료(CDS프리미엄)를 적립해놓았다가 차주가 부도를 내서 원금과 이자를 회수하지 못하게 되면 이를 보상받을 수 있습니다.

구조는 간단합니다. 채권 투자자들은 중간에 금융사를 놓고 이들

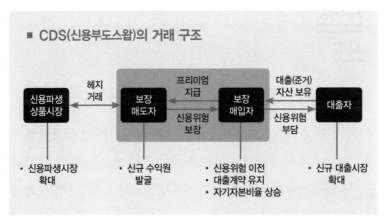

■ CDS(신용부도스왑)의 거래 구조

- 신용파생상품시장 ← 헤지 거래 → 보장 매도자 ← 프리미엄 지급 / 신용위험 보장 → 보장 매입자 ← 대출(준거) 자산 보유 / 신용위험 부담 → 대출자

- 신용파생시장 확대
- 신규 수익원 발굴
- 신용위험 이전
- 대출계약 유지
- 자기자본비율 상승
- 신규 대출시장 확대

출처: 김인규, 오종민. "신용파생상품시장의 현황과 과제"(한국은행, 2008)

에게 위험 보장의 대가인 수수료를 지불합니다. 중간에 들어온 금융사를 '보장 매도자'라고 하는데, 계약 기간 중 채권 발행자가 부도를 내면 채권 투자자들에게 손실을 보상해줍니다. 차주가 부도를 내지 않는다면 채권 투자자들이 낸 수수료는 고스란히 금융사의 수익이 되죠.

통상적으로 보장 매도자 역할은 은행, 투자은행, 헤지펀드 등이 맡으며, 당사자 간 장외 거래로 이뤄집니다.[18] 즉 일반 투자자가 참여할 수 있는 수준의 거래는 아닙니다.

그렇다고 해서 CDS나 CDS프리미엄에 눈 감고 귀 닫고 살 필요는 없습니다. 우리 경제의 상태를 측정해 알려주는 바로미터 같은 이유가 큽니다. CDS프리미엄이 갑자기 뛴다면 그때는 긴장해야 합니다. 뭔가 이상 징후가 있다는 이야기니까요.

CDS의
시작

CDS의 시작은 1990년대 중반으로 거슬러 올라갑니다. 미국 대표 투자은행인 JP모건과 유럽부흥개발은행EBRD이 1994년 석유기업 엑슨모빌ExxonMobil의 채무에 대해 CDS 계약을 한 게 시초였죠. 당시 JP모건은 알래스카 기름 유출 사고 여파로 자금난을 겪던 엑슨모빌에 대규모 자금을 빌려줍니다. 그리고 혹시 모를 엑슨모빌의 채무 불이행 가능성 때문에 EBRD를 끌어들이죠. 보험료 격으로 수수료(CDS 프리미엄)를 지급하되, 엑슨모빌이 부도를 내면 EBRD가 대신 원금을 갚아주는 구조였습니다.

EBRD는 엑슨모빌이 부도만 내지 않으면 JP모건이 지급한 CDS 프리미엄을 고스란히 수익으로 가져갈 수 있습니다. 반대로 엑슨모빌이 돈을 갚지 못하면, 그간 받아온 CDS프리미엄은 물론 막대한 원금까지 대신 갚아줘야 했죠. 달리 보면 엑슨모빌의 부도 가능성을 놓고 JP모건과 EBRD가 확률게임을 했다고 볼 수 있습니다.

여기서 주목할 부분은 CDS프리미엄입니다. 보장 매도자에게 지급하는 이 수수료의 수준을 통해 마치 신용등급처럼 채권 발행자의 신용도를 가늠해볼 수 있죠. 수수료가 높을수록 신용도가 낮다고 보면 됩니다. 정부가 발행한 국채는 물론 회사채에도 해당되죠.

CDS프리미엄은 국제적으로 통용되어야 하기에 영국 은행들 간의 금리를 뜻하는 리보LIBOR 금리를 기준으로 삼습니다. 은행이 대출

이자를 산정할 때 기준금리에 대출자의 상환 불이행이나 상환 기간 등에 따른 리스크를 이자율로 환산해 얹는 것처럼, 리보 금리 위에 채권의 부도 가능성에 따른 리스크를 가산금리로 올려놓습니다.

통상적으로 CDS프리미엄은 연간 단위로 지불됩니다. 계약된 보장금액에 대한 베이시스 포인트basis point를 설정하죠(1bp=0.01%p). 만약 원금 100억 원을 보장하기로 당사자 간 CDS 계약을 맺고 CDS프리미엄을 10bp로 설정했다면, 매해 1,000만 원을 보장 매도자에게 보내게 됩니다.

환율과 비슷하게 움직이는
CDS프리미엄

CDS프리미엄은 담보가 되는 자산의 신용 위험이 클수록 높아집니다. 사고나 질병 위험이 높은 보험 가입자에게 높은 보험료를 요구하는 것과 같은 원리죠. 여기에 수요와 공급에 따른 가격 결정 메커니즘도 더해집니다. 예컨대 A기업의 최근 실적이 좋지 않아 신용도가 하락했고, A기업 채권 투자자들이 위험 회피를 위해 CDS 계약을 하려고 몰려든다면 CDS프리미엄은 오르게 됩니다.

결과적으로 CDS프리미엄은 채권의 신용 위험을 가리키는 기준이 되며, 국채에도 마찬가지로 적용됩니다. 특정 국가가 발행한 채권의 CDS프리미엄이 높다면 그 나라의 부도 위험도 높다고 이해할 수 있죠. 따라서 국채에 붙는 CDS프리미엄은 그 나라의 성장률, 경상수지 등의 거시경제지표와 높은 상관관계를 보입니다. 경제가 탄탄한 나라일수록 CDS프리미엄은 낮아지고, 그 나라에서 발행하는 채권금리도 낮출 수 있습니다.

국채 금리가 낮아지면 이를 기준으로 삼는 회사채 금리도 덩달아 낮아집니다. 시장금리가 전체적으로 낮아지면서 통화 가치가 오르고, 반면 환율은 떨어집니다. 이에 따라 국제적인 투자 수요가 몰리면서 주식이나 채권 가격이 올라가게 되죠.

동남아 국가들과 한데 묶인 한국의 CDS프리미엄

한국은 소규모 개방경제인데다 수출 의존 국가라서 대외신인도에 큰 영향을 받습니다. 연준의 기준금리 정책에 따라 달러 가치가 바뀌면 원화 환율도 영향을 받으면서 한국이 수출로 벌어올 수 있는 돈의 규모도 달라지죠.

이런 맥락에서 2022년은 한국 경제에 있어 험난한 해였습니다. 환율 상승에 따른 수입 물가 상승 압박에 무역 적자 규모가 커졌고 한국 국채에 대한 CDS프리미엄도 상승했죠. 실제로 2022년 11월 기준 우리나라 국채 CDS프리미엄은 75.61bp를 넘어서면서 2016년 2월 이후 6년 9개월 만에 가장 높았습니다. 2022년 초(21.29bp)에 비

■ 국채 5년물 CDS프리미엄 추이(2021년 12월~2022년 12월)

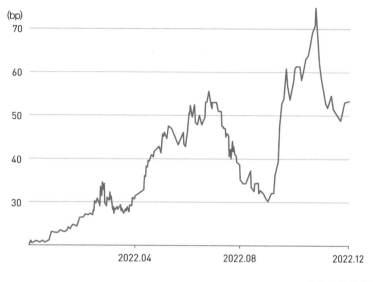

출처: 국제금융센터

교하면 3배가 넘는 수준입니다.

이는 미국 연준의 기준금리 인상과 통화 긴축에 따른 강(强)달러 현상이 지속되고, 금융 시장에서 중국 투자 회피 현상이 뚜렷해지면서 나타난 것으로 볼 수 있습니다. 중국에서 자본이 유출될 때 한국 내 자본도 같이 유출되는 경향이 있는데 이번에도 어김없이 나타난 것이죠.

이에 따라 원화 환율상 원화 가치가 하락했죠. 원화 가치 하락은 원화로 표기된 국내 채권의 원금 가치가 (달러 기준으로) 떨어진다는 의미입니다. 채권 투자자 입장에서는 반갑지 않은 소식이고, 서둘러

한국 시장을 이탈해야 하는 이유가 됩니다. 더구나 원화 가치 유지와 달러 확보를 위해서는 무역수지 흑자가 꾸준히 이어져야 하는데, 한국 무역수지는 2022년 3월부터 2023년 3월까지 13개월 연속 적자를 기록하고 있죠.

이런 이유들이 겹쳐 한국의 CDS프리미엄은 중국 등 아시아 국가들과 강력한 동조 현상을 보이고 있습니다. 전체적으로 중국, 태국, 베트남 등과 함께 묶여서 CDS프리미엄이 오르내리는 편입니다.

TIP
경제 기자들의 필수 시청 영화 〈빅쇼트〉

CDS프리미엄에 대해 극적이면서도 재미있게 설명한 영화가 바로 〈빅쇼트〉입니다. 경제 기자들 사이에서 필수 시청 영화로 꼽히는 이 영화는 2000년대 초반부터 2008년 글로벌 금융 위기 직전까지 투자자들의 행태를 다루고 있습니다.

영화 도입부에는 2000년대 초반 끓어올랐던 미국 부동산 시장이 등장합니다. 금리는 낮고 집값은 오르니 중저신용자들까지 돈을 빌려 집을 사죠. 이러한 분위기에 불안감을 느낀 주인공 마이클 버리(헤지펀드 운용자)는 골드만삭스 등 투자은행들을 돌아다니며 MBS에 대한 CDS 상품을 만들어달라고 제안합니다. 금융사들은 주인공의 요구를 '미친 짓'이라고 비난하면서도 제안을 받아들이죠. 공돈을 챙길 기회로 여긴 것입니다.

2005년 이후 서브프라임모기지 사태가 닥치고 연준이 기준금리를 올리면서 미국 내 부동산 경기가 급격히 냉각됩니다. 주인공의 예상대로 중하위 신용자 대상으로 발행한 MBS 파생상품이 줄줄이 부도를 내면서 CDS프리미엄은 천정부지로 오르죠. 리먼브라더스까지 파산하면서 공돈을 벌었다고 좋아하던 금융사들은 비명을 지르게 됩니다.

장단기 금리 역전으로
불황은 예고된다

　종종 재난 발생 전에 '지진 발생 전 새 떼가 이동한다'든가 '평소에 볼 수 없던 심해 어류가 해변으로 밀려 올라온다' 등의 전조 현상이 나타나곤 합니다. 경제에서도 경기 침체나 위기 전에 전조 현상이 포착됩니다. 이 중 하나가 '장단기 금리 역전 현상'입니다. 보통은 장기 금리가 높고 단기 금리가 낮기 마련인데, 거꾸로 되는 이례적인 상황이 펼쳐지는 것이죠. 이런 장단기 금리 역전 현상은 1980년대 이후 2020년 전까지 네 번 정도 나타났다고 합니다.

　40년 만의 높은 인플레이션과 가파른 금리 상승으로 경기 침체 우려가 높던 2022년에도 장단기 금리 역전 현상이 포착되었습니다. 2022년 상반기에는 미 국채 10년물과 3년물이, 하반기에는 미 국채 10년물과 3개월물 사이에 금리가 잠시 역전되었죠. 이를 두고 전문가들은 2023년에 불황이 오겠다는 불길한 전망을 내놓았습니다.

■ 미 국채 10년물과 3개월물 금리 차이(스프레드)

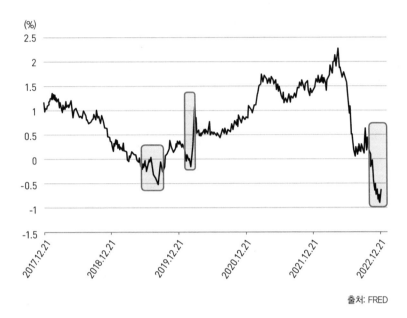

출처: FRED

▶ 최근 5년 기준 미 국채 10년물과 3개월물 간 스프레드(10년물 금리에서 3개월물 금리를 뺀 수치)로, 네모로 구분한 마이너스 구간은 금리 역전이 발생했다는 것을 뜻한다.

앞서 말한 대로 평상시에는 장기채 금리가 단기채 금리보다 높지만, '유동성 프리미엄' 가설에 따르면 채권의 금리는 만기가 길어질수록 높아집니다. 시간이 길어지면서 나타나는 불확실성에 대한 보상, 즉 돈이 묶인 시간에 대한 비용이라고 할 수 있습니다.

반대로 단기채는 시간에 대한 비용을 덜 내게 되니 금리도 낮아집니다. 즉 불확실성에 대한 보상값이 낮죠. 같은 신용 조건이라면 단기채가 장기채보다 더 낮은 금리를 유지하는 게 맞습니다.

단기채 금리가 급등하는
금리 역전 현상

'장기채 금리가 높고 단기채 금리가 낮다'라는 명제는 금리 변동성이 높은 시기가 다가오면 깨지곤 합니다. 예컨대 기준금리가 인상되면 단기채 금리가 우선 급등하고 장기채 금리가 비교적 천천히 오르면서 두 금리 간 상승 속도에 따른 역전 현상이 벌어지는 것이죠. 비근한 예가 2022년 각국 중앙은행들의 금리 인상입니다.

연준의 기준금리 인상에 단기채 금리는 민감하게 반응합니다. 콜금리, RP 등 단기적 통화정책에 직접적인 영향을 받기 때문입니다. 한 예로 미 국채 3개월물의 금리는 연준이 기준금리를 인상하던 3월부터 치솟으며, 3월 0%대에서 11월 4.15%까지 올랐습니다.

반면 장기채의 금리 인상 속도는 그리 빠르지 않습니다. 실제로 2022년 3월부터 10월까지 미 국채 10년물 금리는 2%에서 4% 정도 올랐죠. 상승 속도가 둔하다 보니 3개월물 금리에 역전을 허용하게 됩니다.

이 때문에 2022년 나타난 장단기 금리 역전이 경기 침체나 위기를 무조건 뜻하는 게 아니라는 의견이 나오기도 했습니다. 즉 연준을 비롯한 중앙은행의 금리 정책 변화에 따른 일시적인 현상이라는 뜻이죠.

■ 미 국채 3개월물 수익률(금리) 추이

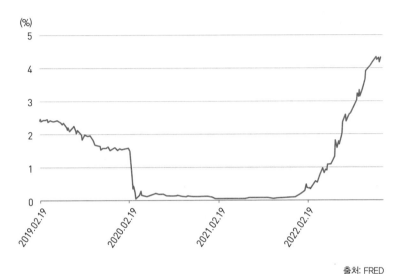

출처: FRED

▶ 2022년 초 0%대이던 금리가 연준의 금리 인상 시기와 맞물려 2022년 11월까지 급등했다.

위기가 금리 역전을
만들기도 한다

물론 금융 위기가 닥치면 금리 역전 현상이 벌어지곤 합니다. 단기적인 사례로는 코로나19 팬데믹 위협이 커지던 2020년 3월을 들 수 있죠. 이때 시장의 불안 심리가 커지면서 금융사 간 자금 수급이 어려워지자 경기 침체 우려로 3개월물 금리가 급하게 뛰어올랐습니다. 급기야 연준까지 나서서 기준금리를 내리고 돈을 푸는 양적완화를 펼칩니다. 치솟은 금리를 통화량으로 안정시킨 것이죠. 시장의 불안 심리가 가라앉자 단기 금리는 곧 하락했습니다.

중장기적인 불황이 예상될 때도 장단기 금리가 역전되곤 합니다. 이때는 장기채 금리가 하락하면서 단기채 금리와 맞물리는 현상이 일어납니다. 2019년 하반기에 장단기 금리가 역전되었던 일이 대표적인 예죠. 당시 안전 자산에 대한 선호 심리가 강해지면서 우량 장기 국채에 대한 수요가 몰렸고, 장기채 가격 상승에 따른 금리 하락이 두드러졌습니다.

결과적으로 이때의 장단기 금리 역전은 곧 다가올 불황의 전조가 되었습니다. 때마침 2020년 코로나19 팬데믹이 전 세계적으로 경기 침체를 불러왔지만, 코로나19가 아니더라도 불황이 왔을 것이라는 추론입니다. 결국 각국 중앙은행은 기준금리를 낮추고 돈을 풀어 시장금리를 낮추는 정책을 펼쳐야 했습니다.

반복되는 논쟁
"이번에는 다르다"

한 가지 흥미로운 점은 장단기 금리 역전 현상이 나타날 때마다 시장 전문가들의 견해가 다르다는 것입니다. 알려지기로는 장단기 금리 역전이 과거 경기 침체에 선행해 나타나지만, 장단기 금리 역전이 나타날 때마다 전문가들이 '이번에는 다르다'고 예상하죠. 즉 불황 직전에 우연히 나타났을 뿐, 명확한 인과관계가 없다고 해석하는 것입니다.

연준 의장을 역임한 경제 전문가도 크게 다를 게 없었습니다. 2019년 장단기 금리 역전 현상이 나타나자 재닛 옐런Janet Yellen 전 연준 의장은 "과거와 달리 지금은 장단기 채권의 수익률 곡선이 평탄화되고 있다"면서 "이런 상황에서 금리 역전은 되레 연준이 금리를 인하해야 한다는 신호로 해석될 수 있다"고 말했습니다.

이런 맥락에서 2022년 발생한 장단기 금리 역전 현상은 앞선 장단기 금리 역전과 다를 것이라는 기대도 있었습니다. 2008년과 달리 파생상품 시장에서 큰 문제가 발견되지 않았고, 민간 부채도 상대적으로 심각하지 않았기 때문입니다. 연준의 경기 침체 방어 능력에 대한 의구심이 있긴 하지만 쉽사리 불황으로 연결되지 않을 것이라는 시각입니다. 오히려 물가가 내려가고 경제 지표의 안정성이 확인되면 주식 시장과 부동산 시장이 다시 정상화되리라는 기대도 있습니다.

여기서 주의해야 할 점이 있습니다. '보고 싶은 현실만 보려고 하는 인간의 속성'입니다. 많은 사람은 악재로 보이는 현상에도 자신이 처한 상황에 따라 긍정적으로 해석하고 최악의 경우를 간과하려고 합니다. 시장 전문가들이 불황은 오지 않는다고 해도 투자에 신중해야 하는 이유입니다.

예금금리에도 일어난
장단기 금리 역전

장단기 금리 역전은 예금에도 드물게 나타납니다. 주로 급박한 금리 인상으로 단기 금융 시장에서 자금 조달이 어려워질 때입니다. 은행 등 금융사에서 대출에 당장 쓸 돈을 마련하고자 일부 예금 상품의 금리를 높이면서 발생하죠. 시장금리가 오를 때 1년 만기 정기예금금리를 올리는 식이며, 상대적으로 가입자가 덜 몰리는 2~3년 만기 정기예금금리보다 1년 만기 정기예금금리가 더 오르기도 합니다.

2022년 12월 은행연합회 웹사이트에 올라온 정보에 따르면, 우리은행 1년 만기 정기예금금리는 4.7%로, 2~3년 만기 정기예금금리인 4.45%보다 살짝 높습니다. 하나은행과 신한은행도 1년 만기와 2년 만기 정기예금상품의 금리를 거의 비슷한 수준으로 설정하고 있죠.

■ 2022년 11월 기준 주요 은행 예금금리

은행	상품명	기본금리(단리이자, %)			
		6개월	12개월	24개월	36개월
KDB산업은행	정기예금	3.6	3.9	4.1	4.2
신한은행	쏠편한 정기예금	2.75	3.2	3.25	3.25

우리은행	WON플러스예금	4.6	4.7	4.45	4.4
하나은행	하나의정기예금	2.3	2.6	2.7	2.8
IBK기업은행	1석7조통장(정기예금)	4.16	4.18	4.1	4.22
KB국민은행	국민수퍼정기예금 (고정금리형 만기일시지급식)	2.6	2.7	3	3.15
BNK부산은행	더(The) 특판 정기예금	4.45	4.85	4.25	4.15
케이뱅크	코드K 정기예금	4.7	5	4.6	4.65
카카오뱅크	카카오뱅크 정기예금	3.8	4.5	4.55	4.6

출처: 은행연합회

▶ 색깔로 표시한 부분은 정기예금 1년 상품과 2년 상품 간 금리 역전이 일어난 부분이다.

예금 등 수신에서만 대출을 내어줄 수 있는 저축은행은 이러한 경향이 더 심하게 나타납니다. 2022년 말 저축은행들은 1년 정기 예금금리를 올리면서 수신 확보에 나섰습니다. 부동산 PF(프로젝트파이낸싱)에 대출 자금이 묶이면서 나타날 신용 위기를 대비하기 위해서였죠. 결과적으로 2~3년 만기 정기예금금리보다 더 높아지는 상황도 펼쳐졌습니다. 이렇듯 우리 주변에서도 금리 역전 현상이 일어날 수 있습니다.

사회가 혼란할수록 금리는 올라간다

　세계 최대 석유 매장량으로 알려진 베네수엘라는 수년째 인플레이션과 경기 침체를 겪고 있습니다. 이전 사회주의 정권의 국정 운영 실패로 경제 위기가 왔고 미국 등 국제 사회의 제재가 겹쳤기 때문입니다. 2021년 기준 베네수엘라의 빈곤율은 94.5%로 국민 대부분이 빈곤층입니다.

　베네수엘라 국민의 힘든 생활을 짐작할 수 있는 또 다른 지표는 은행 대출금리입니다. 2022년 11월 기준 30%를 넘나들고 있죠. 은행 금리가 이 정도면 국민 대부분이 이용하는 사금융 금리는 상상을 초월할 정도로 높을 것입니다.

　이처럼 특정 국가의 사람들이 얼마나 가난한지(돈이 귀한지), 통화 가치가 국제적으로 얼마나 안정되었는지는 금리에서 잘 나타납니다. 다른 나라와 비교해 금리 수준이 높다면 사회적·경제적으로 뒤

떨어져 있거나 혼란을 겪고 있는 경우가 대부분입니다. 반대로 안정된 사회일수록 금리는 낮아지기 마련이죠.

러시아-우크라이나 전쟁과 금리의 관계

독일의 경제사학자 빌헬름 로셔Wilhelm Roscher는 "문명화의 진전에 따라 이자율이 낮아진다"고 말했습니다. 여기서 말하는 문명화는 '사회가 안정되어 있고 시장이 제 기능을 하는 것'을 의미합니다. 인프라가 잘 갖춰져 있고 구성원 간 신뢰가 구축되어 있을수록 대부의 위험도가 낮아진다는 뜻이기도 합니다. 이는 이자율의 하락으로 이어집니다.

금리 관련 명저로 알려진 시드니 호머Sidney Homer의 『금리의 역사A History of Interest Rates』에 따르면 국제 무역이 활발해진 16세기 이후부터 국채 금리는 하락세를 보였습니다. '전쟁을 통해 뺏는 것'이 아니라 '무역을 통한 상호 이익 증대'로 각국 간 신뢰도가 높아진 덕분입니다. 다만 이때도 국가 간 전쟁이 벌어지면 국채 금리가 20% 수준까지 올랐습니다.

오늘날도 마찬가지입니다. 2022년 2월 러시아가 우크라이나를 침공하자 러시아의 국채 금리는 폭등했습니다. 미국 등 서방 국가의 제재가 시작되면서 러시아가 해외 채권단에 이자 지급을 중단했기

■ 러시아 국채 10년물 금리 추이

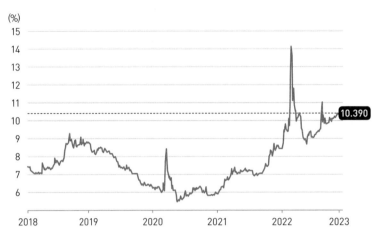

출처: 트레이딩 이코노믹스(tradingeconomics.com)

때문입니다. 전쟁 통에 신용도 무너진 셈이죠.

우크라이나 침공 당시 러시아 국채 1개월물 금리는 22.4%까지 올랐습니다. 3개월물과 6개월물도 각각 24.5%, 26.7%를 기록했죠. 이후에는 발행조차 어려운 지경에 이릅니다. 기축통화인 달러로 바꾸기도 힘들어지자 러시아는 자국 화폐인 루블화로 국채 이자를 지급하겠다고 선언합니다. 달러 경제 체제하에서 사실상의 부도 선언으로, 그만큼 러시아 경제가 혼란에 빠졌음을 짐작할 수 있습니다.

선진국일수록
금리가 낮다

　개발도상국이냐 선진국이냐에 따라서도 금리가 갈립니다. 개발
도상국처럼 성장률이 높고 인플레이션이 만연한 국가의 금리는 대
체로 높은 편입니다. 한국이 고도 성장을 하던 1960~1990년대 은행
이자율이 매우 높았다는 점을 떠올리면 쉽게 이해할 수 있죠. 물론

■ **2019년 기준 1인당 GDP 순위별 국가 대출금리 추이**

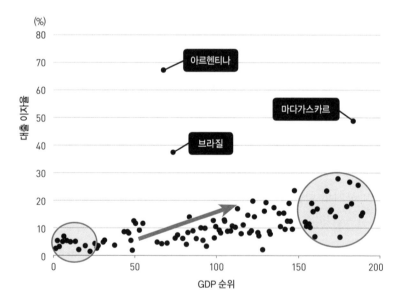

출처: IMF

▶ 1인당 GDP가 높은 나라일수록 대출금리가 상대적으로 낮다.

선진국 등 상대적으로 안정된 나라에 비해 금리가 높다는 것이지, 높은 금리를 절대적으로 용인하고 있다는 뜻은 아닙니다. 반면 디플레이션이 우려되는 낮은 성장률의 국가는 금리가 낮습니다. 일본이 대표적인 예이며, 대부분의 선진국이 저금리 국가에 속합니다.

따라서 한국도 금리 수준만 놓고 본다면 선진국 대열에 들어섰다고 할 수 있습니다. 코로나19 팬데믹 이전 한국의 경제성장률은 3% 정도였고 예금 이자율은 1~2%대였습니다. 이미 수년 전부터 금리는 한국이 선진국에 들어섰다는 것을 알려주고 있었던 셈이죠.

자산 증식 방식에 있어서도 한국의 투자자들은 선진국의 방식을 따르고 있습니다. 금리가 낮은 은행 저축보다 손실 위험이 있더라도 주식이나 채권 등의 자산에 투자하고 있죠. 가상화폐 등 암호화폐 투자가 최근 몇 년 사이 부쩍 늘어난 것도 저금리에 만족하지 못해 발굴한 대체 투자 수단이라고 볼 수 있습니다.

결론적으로 선진국 대열에 선 우리나라는 더 이상 1990년대처럼 고도 성장을 하기 어렵습니다. 즉 저금리·저성장 국가의 기준에 맞춰 경제 정책을 설정하고 실행해가야 합니다.

■ **금리로 구분한 국가의 경제 상황**

	사회 분위기	주요 국가	경제성장률	환율
저금리 사회	안정적	선진국	낮은 편	대체로 안정
고금리 사회	역동적	개발도상국	높은 편	대체로 불안정

고금리 국가 투자,
리스크가 문제다

그렇다면 저금리 국가의 돈을 대출해서 고금리 국가의 자산에 투자하는 것은 어떨까요? 예컨대 1% 이자로 대출을 받고 10% 예금 이자를 주는 나라에 예치해놓기만 해도 9%p의 차익을 기대할 수 있습니다. 이른바 '캐리 트레이드carry trade'입니다.

이 같은 맥락에서 성장률 높은 개발도상국의 국채나 주식을 매입해 수익률을 높이는 펀드 상품이 2000년대에 인기였습니다. 국토가 넓고 자원이 많은 브라질, 러시아, 중국, 인도 등이 주요 대상이었죠. 당시 이들 나라는 기준금리를 비롯해 금리가 높았고 부동산 등 자산 가격 상승세가 가팔랐습니다. 때마침 연준이 금리를 낮게 유지하는 정책을 펼치면서 투자 매력이 더 높아졌죠.

실제 국내에서도 브릭스BRICs 펀드라고 해서 이들 나라 자산에 투자한다고 내세운 펀드 상품이 인기리에 팔렸습니다(브릭스는 브라질, 러시아, 인도, 중국 등을 한데 묶어 부르는 용어). 달러 가격이 싸고 이들 나라의 환율이 안정되어 있을 때라서 국가 간 이자율 격차에서 오는 이점을 누릴 수 있었죠.

문제는 이들 나라가 외부 경제 충격에 취약하고 정치적으로 불안정했다는 것입니다. 2008년 글로벌 금융 위기 이후 신흥국들은 성장률이 꺾이고 극심한 자본 유출도 겪습니다. 제조업 기반을 탄탄하게 갖춘 중국은 그나마 고도 성장을 구가할 수 있었지만 브라질 등 남미 국가들은 후유증을 심하게 앓았죠. 지금도 많은 투자자에게 '아픈 추억'으로 남아 있습니다. 2011년 1헤알은 690원 정도였지만 2023년 1월 기준 240원으로 낮아졌습니다. 2011년에 브라질 헤알화를 1만 원 주고 샀다면 2023년에는 3,478원이 된 셈이죠.

고금리 국가는 전형적인 '하이 리스크 하이 리턴'이다

고금리 국가들은 투자 매력이 분명 있습니다. 높은 금리를 기대할 수 있기 때문입니다. 그러나 이들 나라들은 개발도상국이거나 저개발 국가에 머무르면서 정치적·사회적으로 혼란스러운 경우가 많습니다. 채권으로 비유한다면 금리도 높고 부도 가능성도 높은 '정크본드'라고 볼 수 있죠.

고금리 국가에 투자할 때는 그 나라의 정치 상황, 경제성장률과 함께 연준의 금리정책을 살펴봐야 합니다. 연준이 기준금리를 동결하고 인하하려는 조짐을 보인다면 그때가 투자 적기일 수 있습니다. 즉 저금리에 만족하지 못하는 국제 핫머니들이 신흥국으로 몰려가는 때라고 볼 수 있죠. 돈이 몰리면 가격은 뛰기 마련입니다.

중앙은행 정책은
경기 파악의 최고 힌트

한국은행 출입 기자 사이에서 전설처럼 전해 내려오는 이야기가 있습니다. 금융통화위원회 회의 전날 밤에 회의장 책상 밑에 숨어 있던 모 경제지 기자가 그 다음날 금융통화위원회 회의에서 위원들의 발언을 고스란히 녹취했다는 것이죠. 이후 그 기자는 한국은행의 향후 금리와 통화정책과 관련해 '현장감 있는' 기사를 썼다고 합니다.

보통 기자라면 모를 세세한 금융통화위원회 위원들의 발언까지 기사로 나오자 한국은행에서도 이상하게 여겼습니다. 결국 그 기자가 회의장에 몰래 숨어들었음을 알게 되었고, 그 기자는 이후 일정 기간 한국은행 출입이 불가능한 '출입정지' 처분을 받았죠.

이 사건은 금융통화위원회 위원들이 우리나라 금리와 통화 정책에 막대한 영향을 끼치는 만큼, 그들의 발언이 매우 중요하다는 점을 상기시킵니다. 즉 회의장에서 나온 금융통화위원회 위원들의 발언을 잘 유추하면 추후 있을 금리 조정이나 통화량 조절 등의 정책을 예상해볼 수 있겠죠.

세계 경제를 좌지우지하는 연준 이사들의 발언은 영향력이 더욱 큽니다. 앞서 살핀 대로 제롬 파월 연준 의장의 공개 발언이나 포워드 가이던스 못지않게 연준 이사들의 발언도 중요합니다. 특히 미국 내 기준금리와 통화정책을 결정하는 연방공개시장위원회의 발언도 무시할 수 없죠. 연준이 시장 경기를 어떻게 인식하고 금리와 통화정책을 결정할지 예상함으로써 투자 자산 관리에 활용할 수 있기 때문입니다.

연방공개시장위원회 의사록은 왜 중요할까?

21세기 이전까지 연준은 비공개 원칙을 준수하다가 1999년 12월부터 연방공개시장위원회 위원들의 토론 내용을 담은 의사록을 공개하고 있습니다.[19]

보통 연방공개시장위원회는 1년에 8회 회의를 갖습니다. 6주마다 소집되는 셈인데, 이 중 네 차례 회의에서 경제 전망 요약 등을 발표하죠. 이어 연준 의장의 기자회견이 진행됩니다. 전문 트레이더 등 투자자들은 이 기자회견에 나온 단어와 뉘앙스를 세세하게 분석

해 연준의 향후 정책 변화를 예측합니다.[20]

　연방공개시장위원회 의사록에는 금리에 큰 영향을 주는 경제 지표 관련 내용이 담겨 있습니다. 이 때문에 연방공개시장위원회 의사록은 향후 금리 변화를 파악하는 데 매우 중요합니다. 트레이더 등 전문 투자자들은 연준 의장은 물론 연준 위원들의 공식 발언에 따라 투자 포트폴리오를 조정합니다.

　앞서 언급한 대로 연준은 자산 매입 규모 축소나 금리 인상 등 시장에 있어 중요한 정책 기조를 변경할 때면 그전에 힌트를 줘서 시장에서 미리 대비할 수 있게 합니다. 그 때문에 통화정책 의결문에 대한 시장의 관심이 커지고, 연준의 정책 방향성에 대한 신뢰도 높일 수 있었습니다.

　이처럼 의결문이나 의사록에 담길 단어와 행간의 의미에 따라 시장에서 민감하게 해석할 수 있기에 연준 이사들도 단어를 신중하게 선택합니다. 실제로 이를 바탕으로 미국의 통화정책과 국채 수익률을 예측할 수 있을 정도니까요.

　그러다 보니 사용되는 단어들이 상당한 규칙성을 갖게 되었죠. 연준과 시장의 상호 교류가 서로에게 영향을 줬다는 뜻입니다. 이제는 의결문과 의사록만 봐도 연준의 정책 방향을 예측할 수 있을 정도로 규칙성이 높아졌습니다.[21]

　한국은행도 이에 발맞춰 금융통화위원회 회의록을 10일에서 2주 정도 간격을 두고 한국은행 웹사이트에 정기적으로 게시하고 있습니다. 금융통화위원회 회의록을 보면 위원들이 기준금리를 결정할

■ 연방공개시장위원회 웹사이트

출처: Federal Reserve Board(www.federalreserve.gov)

▶ 연방공개시장위원회 회의록과 연준 의장의 기자회견 내용 등이 수록되어 있다.

때 소비자물가지수 등 전통적 물가지수 외에 주택매매가격지수 등 인플레이션 기대 심리를 나타내는 지수를 주요 지표로 사용한다는 것을 알 수 있습니다. 한국의 경우 가계 자산의 80% 이상이 부동산에 집중되어 있어 주택 가격의 자산 버블 현상에 민감할 수밖에 없습니다.[22] 따라서 이에 따른 후속 조치도 금융통화위원회 차원에서 고민하고 있죠.

연방공개시장위원회 의사록을
쉽게 읽어 보려면

2022년 6월 연준이 자이언트 스텝을 발표하자, '인플레이션 대응이 성장 둔화보다 최우선 과제'라는 내용의 한국은행 보고서가 올라왔습니다. 그해 6월에 나온 연방공개시장위원회 의사록을 분석하고 향후 연준 정책 변화에 대해 예상한 것이죠.

워싱턴 주재원이 이달 보고에서 주목한 단어는 '인플레이션'으로, 약 90회 이상 언급되었습니다. 경기 침체에 대한 걱정은 거의 없었죠. 앞으로 연준의 당면 과제가 인플레이션이라는 게 명확히 드러난 것입니다. 7월 연방공개시장위원회 의사록에도 기준금리가 적어도 0.5%p나 0.75%p 인상될 것이라는 내용이 포함되었습니다.

2022년 11월 한국은행의 연방공개시장위원회 회의 결과 보고서에서도 이러한 변화를 감지할 수 있습니다. 정책금리 인상 속도를 늦추자는 연방공개시장위원회 위원들의 의견이 소개되었고 향후 대응책까지 나왔죠. 제롬 파월 연준 의장이 공개적으로 기준금리 인상 속도 조절 계획을 밝혔지만, 이 의사록을 통해서도 '연준의 속도 조절론'을 명확히 확인할 수 있습니다.

금리 인상 속도 조절론은 곧장 시장 흐름에 반영되었습니다. 다우존스지수를 비롯한 미국 주요 증시 지표는 올랐고, 달러 대비 원화는 1,400원대에서 1,200원대로 내려앉았습니다. 연준 의장의 포워드 가이던스 못지않은 시장 영향력을 발휘한 것입니다.

유튜브를 활용해 연방공개시장위원회 의사록을 공부하자

전문 투자자에게 연방공개시장위원회 의사록은 매우 중요합니다. 기준금리 정책에 변화가 있다면 장단기 금리, 환율, 고용, 재화 및 용역 가격 등 다양한 경제 변수에 영향을 미치기 때문입니다.

최근에는 '삼프로TV'나 '슈카월드' 같은 경제 전문 유튜버들이 실시간으로 연방공개시장위원회 의사록을 해석해주고 있습니다. 특히 삼프로TV 진행자들은 경제 전문가로 정평이 나 있으며, 경제 관련 이슈가 있을 때 거의 실시간으로 설명해줍니다. 등장하는 패널들도 증권가에서 '난다 긴다' 하는 사람들입니다.

증권사나 은행에서도 유튜브 채널을 운영하며 사내 전문가를 통해 경제 관련 이슈를 매우 우수한 수준으로 설명해주고 있습니다. 이러한 채널들을 참고한다면 금리 공부에 큰 도움이 될 것입니다.

금리와 환율

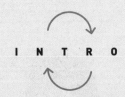
금리와 환율은 밀접한 관계입니다. 금리가 변동하면 환율도 따라서 움직이는 편이죠. 예컨대 A라는 나라의 금리가 상대적으로 높다면, 금리가 낮은 B라는 나라보다 통화 가치에서 '상대적 우위'를 갖게 됩니다. B나라에서는 금리 격차에 따른 수익을 기대하며 A나라의 채권을 산다거나 은행 예금 등에 돈을 예치하려고 할 것입니다. A나라의 통화 수요가 늘면 이 나라의 통화 가치도 함께 올라갑니다. 즉 좀 더 비싼 통화가 되는 것이죠. 이후 A나라 통화를 사려면 더 많은 비용이 필요합니다.

반대의 경우도 있습니다. A나라의 금리가 다른 나라의 금리보다 낮으면 이 나라의 통화는 약세를 보이게 됩니다. 외국인이 A나라에 대한 투자를 점점 줄이기 때문입니다. 대신 수출 가격이 상대적으로 저렴해지며 가격 경쟁력이 올라갑니다.

수출로 먹고사는 우리나라에도 환율은 매우 중요합니다. 전 세계 무역이 달러로 통용되기에 달러 추이에 따라 기업 실적이 달라지고, 특히 한국 경기는 미국 달러에 따라 좌지우지될 정도죠. 기업 실적은 주식 시장에도 영향을 주기 때문에, 환율은 경제 전반의 중요한 변수라고 할 수 있습니다.

환율은
그 나라 돈의 가치다

앞서 언급한 대로 한국은 소규모 개방경제입니다. 경제 규모가 미국, 일본, 유럽 등 주요 선진국보다 작지만 국내총생산의 약 70%를 수출에서 올리기 때문입니다. 수출이 막히면 당장 나라 살림이 어려워질 수밖에 없습니다. 따라서 한국에서 환율은 매우 중요한 경제 지표입니다.

1달러를 사기 위해 들이는 원화가 1,200원에서 1,400원으로 오른다면(환율 상승, 원화 가치 하락) 수출 기업들의 가격 경쟁력이 올라갑니다. 달러 대비 원화 환율이 1,200원일 때 1달러로 팔던 물건을 0.85달러로 팔 수 있으니 한국 상품의 '달러 표기 가격'이 싸지는 것이죠.

그러나 물건을 사 올 때는 더 많은 원화가 필요합니다. 그전에는 1달러어치 석유를 사기 위해 1,200원을 냈다면, 지금은 1,400원을 내야 하는 것이죠. 따라서 원자재 대부분을 수입하는 우리나라 물가는 오를 수밖에 없습니다.

반대로 1달러를 사기 위해 들이는 원화가 1,200원에서 1,000원으로 떨어지면(환율 하락, 원화 가치 상승) 수출 기업들은 비명을 지릅니다. 원가 절감으로 가격을 낮추든가 수출 가격을 올려야 하죠. 대신 원화 기준 원자재 수입 가격이 떨어지면서 국내 소비자의 지출 부담이 줄어듭니다.

중용이라고 해야 할까요? 환율은 예측 가능한 범위에서 너무 높지도 낮지도 않게 일정하게 관리해야 합니다. 우리나라 정부와 금융당국이 환율 추이를 면밀하게 살피는 이유입니다. 일정 수준을 유지하면서 가계, 기업, 정부 등 경제 주체들이 느끼는 불확실성을 낮추려고 하죠.

최근 들어 환율은 개인 투자자에게도 중요해졌습니다. 미국 등 해외 직접 주식 투자가 활발해지고 달러를 직접 사 모으거나 관련 금융상품에 투자하는 사람들이 늘어나면서 환율에 대한 관심도 더욱 커지고 있죠.

환율이란
무엇일까?

간단하게 말해서 환율은 '상대국 통화의 교환 비율'입니다. 달러가 기축통화이고 우리나라 경제에도 가장 중요한 외화이기에 보통은 1달러에 원화가 얼마인지로 표기합니다. '달러 대비 원화 환율'이라고 부르기도 하고 간단하게 원/달러 환율이라고도 합니다.

여기서 많은 사람이 자주 헷갈리는 것이 '환율이 올랐다'라는 말입니다. 1달러를 살 수 있는 원화 환율이 올라가기 때문에 나오는 말인데, 보통 '달러 대비 원화'라는 수식어를 빼고 표현해서 오해를 사는 편이죠.

앞서 언급한 대로 1달러에 1,200원 하던 환율이 1,400원으로 오르면, 1달러를 사는 데 원화가 더 많이 필요합니다. 달러와 비교했을 때 원화 가치가 상대적으로 떨어지므로 원화를 더 많이 내야 이전과 똑같은 액수의 달러를 사 올 수 있죠. 따라서 '환율이 올랐다'라는 표현은 그만큼 '원화 가치가 떨어졌다', 즉 '달러 가격이 올랐다'라고 이해할 수 있습니다.

반면 1달러에 1,200원 하던 환율이 1,000원으로 떨어지면 '환율이 떨어졌다'고 합니다. 그전보다 원화를 적게 들여도 같은 액수의 달러를 살 수 있기 때문에 원화 가치가 상대적으로 올라간 경우죠. 반면 달러 가치는 떨어졌기 때문에, '달러 가격이 하락했다'고도 쓸 수 있습니다.

환율은 소수점 이하 둘째 자리까지 표기합니다. '1달러 환율이 1321.80원이다'라는 식이죠. 달러 대비 원화 환율을 워낙에 흔하게 쓰다 보니 '원/달러 환율이 1321.80원이다'라고 말하기도 합니다. 여기서 원과 달러 사이에 있는 빗금은 나눗셈 표시가 아니라, 가운뎃

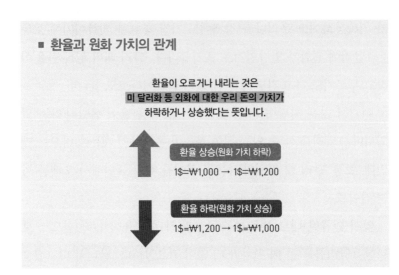

■ 환율과 원화 가치의 관계

환율이 오르거나 내리는 것은
미 달러화 등 외화에 대한 우리 돈의 가치가
하락하거나 상승했다는 뜻입니다.

환율 상승(원화 가치 하락)
1$=₩1,000 → 1$=₩1,200

환율 하락(원화 가치 상승)
1$=₩1,200 → 1$=₩1,000

출처: 한국은행

점과 같은 의미입니다.

달러만큼은 아니지만 유로화나 엔화 등과 비교해 원화 환율을 표기하기도 합니다. 이들 통화도 국제적으로 통용되는 화폐이고 한국인이 달러 다음으로 많이 환전하는 화폐이기 때문입니다. 다만 엔화 대비 원화 환율은 '100엔에 965원' 식으로 표기합니다. 형식상 1엔과 비교해야 하지만, 달러 및 유로와 기준을 맞추기 위한 목적으로 추정됩니다.

우리나라 외에도 많은 나라가 달러를 중심으로 자국 환율을 환산하고 있습니다. 한국은 1달러당 원화를 표기하지만, 영국은 자국 통화인 파운드를 기준으로 1파운드에 1.21달러 식으로 표기합니다. 마찬가지로 유럽도 1유로에 1.05달러 식으로 표기하고 있죠.

1달러를 중심으로 자국 통화 환율을 표기하든, 자국 통화를 기준으로 달러를 표기하든 전 세계 모든 환율은 달러를 기준으로 삼고 있습니다. 각국 통화 가치를 상대적으로 환산해 달러 가치를 지수화한 게 바로 '달러 인덱스DXY'입니다. 달러 가치가 얼마큼 올랐는지는 달러 인덱스로 대부분 알 수 있습니다.

절상과 절하, 상승과 하강의 차이

요새도 몇몇 매체에서 '원화 절상', '원화 절하'라는 표현을 쓰곤 합니다. 여기서 '절상'은 '화폐의 가치를 높이는 일', '절하'는 '화폐의 가치를 낮추는 일'을 뜻합니다. 과거 금융당국은 고정환율제를 운영할 때 환율을 고시하며 절상과 절하라는 단어를 썼습니다. 즉 절상과 절하는 원화 평가 가치를 올리거나 내리는 능동적인 주체가 있을 때 쓰면 맞는 단어입니다.

그러나 지금은 시장 수급에 따라 환율이 가격처럼 변화하는 '변동환율제'를 쓰고 있습니다. 가끔 금융당국이 외환 시장에 개입해 원화 가치를 일정 수준으로 유지하게 하지만, 과거처럼 환율을 결정해 고시하지 않죠. 따라서 절상이나 절하보다는 상승이나 하강이란 단어를 쓰는 게 맞습니다.

환율은 어떻게
움직일까?

환율은 금리 등 국내적 요인과 주요국 통화정책 등 국제적 요인에 따라 움직입니다. 특히 외환 시장의 달러화 수요 공급에 따라 크게 변하죠. 가령 한국 기업들이 수출을 많이 해서 국내에 달러가 넘

■ 환율이 결정되는 구조

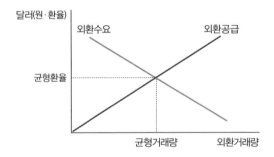

출처: KDI 경제정보센터

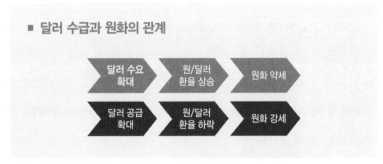

출처: 한국은행, 환율 및 외환시장의 이해(2021년 7월)

치고 외국인까지 원화 자산에 투자하려고 하면 원화 가치가 상승하며 환율은 떨어집니다.

반대로 우리나라에 들어와 있던 외국인 자금이 주식, 채권, 부동산 등 원화 표기 자산을 청산하고 나간다면 환율은 오릅니다. 원화를 팔아 달러를 확보하려는 수요가 늘어났기 때문입니다. 또는 전 세계적으로 달러 수요가 높아지면 환율이 오릅니다. 상대적 가치에 따라 원화가 떨어지고 달러가 올라가는 것이죠.

금리도 환율에 주요한 영향을 미칩니다. 한국은행이 기준금리를 올리면 한국 원화 자산에서 투자로 얻는 수익률이 오르며 원화 수요

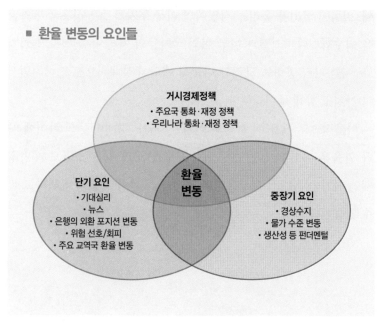

■ 환율 변동의 요인들

거시경제정책
• 주요국 통화·재정 정책
• 우리나라 통화·재정 정책

단기 요인
• 기대심리
• 뉴스
• 은행의 외환 포지션 변동
• 위험 선호/회피
• 주요 교역국 환율 변동

환율
변동

중장기 요인
• 경상수지
• 물가 수준 변동
• 생산성 등 펀더멘털

출처: 한국은행, 환율 및 외환시장의 이해(2021년 7월)

가 늘어납니다. 이로 인해 원화 가치가 상승하며 원/달러 환율이 내려가죠.

마찬가지로 연준이 기준금리를 올리면 달러 가치가 올라가고, 보통은 원화 가치 하락으로 이어집니다. 여기에 달러 선호 현상이 두드러지게 나타나면 달러 가치가 올라가기도 하는데, 이는 다음과 같이 분석할 수 있습니다.

첫 번째, 원화와 달러의 관계만 따져봤을 때 투자자들은 달러를 더 선호합니다. 두 번째, 한국 주식이나 채권 등의 수익률이 미국 달러 자산보다 높아야 외국인 투자자들은 원화 자산을 삽니다. 한국 금리가 미국보다 낮아지면 투자 자산으로서 매력이 줄어들죠. 세 번째, 미국이 금리를 올리는 시점이면 미국 투자자들은 신흥국 투자금을 회수합니다. 그 결과 미국 이외 국가들의 자본 유출 정도가 커지죠. 이들 나라 통화는 달러와 비교해 매력이 상대적으로 떨어지면서 그 가치도 함께 줄어듭니다.

이론적으로 봤을 때 각국의 이자율, 물가, 경제력 등의 차이에 따라 환율은 변화합니다. 그렇다고 해도 한국과 같은 소규모 개방경제인 국가는 절대적으로 달러 가치에 따라 환율 흐름이 바뀐다고 볼 수 있습니다.

TIP 환율을 크게 좌우하는 연준의 정책

환율이 하락할 때, 즉 원화 가치가 상승할 때는 한국 원화에 대한 매력도가 상대적으로 높습니다. 한국 기업들의 수출과 성장률이 양호해서 투자가 많이 이뤄지고 환율은 자연스레 내려갑니다. 보통 이때는 연준의 기준금리 인하와 맞닿은 경우가 많습니다.

반면 환율이 빠르게 오를 때는 한국 경제가 위기에 처한 경우가 많습니다. 달러에 대한 국제적 수요가 크게 오르기도 하는데, 보통 이때 연준은 기준금리를 올리거나 높게 유지하고 있죠.

■ **연준의 통화정책에 따른 원/달러 환율의 변화**

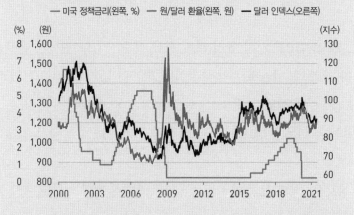

출처: 블룸버그

▶ 연준이 기준금리를 인하하면 달러 인덱스와 원/달러 환율이 오르고, 반대로 기준금리를 인상하면 달러 인덱스와 원/달러 환율이 내려간다.

위기가 감지되면
달러 가격부터 뛴다

2022년 10월 23일 달러 대비 원화 환율은 1,445원까지 올랐습니다. 글로벌 금융 위기가 한창이던 2009년 1월 이후 최고치였죠. 당시에는 2022년 말에 1,450원을 뚫고 1,500원대까지 올라갈 것이라는 예상도 나왔습니다. 금융사와 기업들은 달러 확보에 애를 먹었죠.

2022년 달러 가격 상승은 연준의 기준금리 인상과 맥이 닿아 있습니다. 달러 가치 상승에 따라 신흥국 자본 유출마저 우려되던 때였죠. 이들 나라에서 자본이 유출되고 수요가 부진해지면 불황이 올 것이라는 우려가 커졌습니다. 안전 자산 선호 심리는 달러 매수를 부추겼고 달러 가격은 더 올랐습니다.

그나마 2022년은 한국 경제에 대한 해외 투자자들의 대외신인도가 이전 금융 위기와 비교했을 때 상대적으로 높은 편이라서 급격한

■ 2022년 달러 인덱스와 연준 기준금리 추이

출처: 매크로마이크로(en.macromicro.me)

▶ 연준 기준금리 인상에 따라 달러 인덱스도 큰 영향을 받았다.

자본 유출은 없었습니다. 심지어 한국은행 금리가 미국 기준금리보다 낮은 상황이었지만 우려할 만한 일은 일어나지 않았죠.

이 와중에 달러를 미리 사놓은 사람들은 가슴을 쓸어내렸습니다. 주로 2020~2021년 증시가 호황일 때 다가올 금리 인상에 대비해 달러를 매입한 사람들이었죠.

실제로 많은 자산가는 원화와 달러 흐름에 따라 달러 매수·매도를 통해 자산을 키우고 있습니다. 달러 가격이 쌀 때 달러 보유 비중을 늘리고, 반대 상황이 펼쳐지면 원화로 바꿔 차익을 얻는 식입니다. 달러 가격이 오를 때는 급격히 오르고, 내려갈 때는 천천히 내려간다는 경험칙에 따라 분할 매수·매도를 하곤 합니다.

저금리 시기는
달러 매수 기회다

화폐도 하나의 재화이고, 그 값을 금리라고 가정한다면, 달러 매수 시점은 당연히 저금리 때입니다. 즉 연준이 금리를 내리고 달러를 시장에 공급하는 정책을 펼치면서 달러가 저렴해질 때죠.

이때는 상대적으로 신흥국 통화의 가치가 오릅니다. 저렴해진 달러 자산에 만족하지 못한 국제 핫머니들이 성장률과 이자율이 높은 국가의 통화로 바꿔 그 나라에 투자할 때이기도 하죠. 주식 시장만 놓고 봤을 때 한국은 '국가 시스템이 잘 정비된 신흥국'입니다. 당연히 한국 주식 시장에 해외 자금이 몰려오고 주가는 오릅니다. 원화

■ 달러 인덱스(왼쪽) / 코스피 종가(오른쪽)

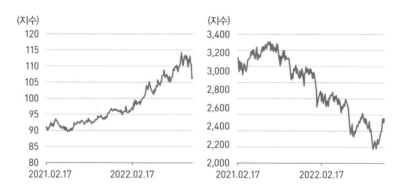

출처: 야후파이낸스

▶ 달러 가치와 코스피 추이가 '역의 관계'를 보인다는 점을 알 수 있다.

가치 상승으로 달러 대비 원화도 낮아지죠.

이런 시기에는 국내 자산에 투자하는 게 당연시됩니다. 주식과 부동산 같은 국내 자산의 가격이 상승하기 때문입니다. 가까운 사례로 2020~2021년 우리나라에 불었던 주식·부동산 투자 붐이 있습니다.

그러나 돈의 흐름을 볼 줄 아는 자산가들은 주식 투자를 하면서도 한편으론 달러를 부지런히 사 모읍니다. 달러를 저가에 매수할 수 있는 기회이고, 금리 상승기나 세계 경기가 하강할 때 헤지(위험회피) 효과를 누릴 수 있기 때문입니다. 경기가 불안하면 달러를 찾는 수요가 늘어나기 때문에, 그에 따라 달러 가치가 상승하리라고 예상하는 것입니다. 특히 2021년 초반에는 달러 대비 원화 환율이 1,050원으로 떨어지는 등 원화 자산에 대한 선호도가 강력히 나타났습니다.

이 시기에 국내 시중은행 PB센터들은 자사 고객들에게 달러 매수를 추천하고 미국 주식에 대한 직접 투자 비중을 늘릴 것도 조언했습니다. 주식에서 차익 실현을 하면서 다가올 금리 인상기를 대비하라는 이야기였죠.[23]

이런 조언은 2022년 하반기 들어 통했습니다. 그해 연준은 금리를 제로 수준에서 4.5%까지 올렸고, 코스피는 2,300선이 무너졌습니다. 국내 개미 투자자의 필수 매수 종목 중 하나였던 삼성전자는 한때 5만 원 선이 위협받기도 했죠. 대신 달러 가치가 상승하면서 달러를 미리 사둔 자산가들은 환차익을 누릴 수 있었습니다.

달러 자산
투자법

달러 대비 원화 환율의 상승과 하강 타이밍을 잡기란 쉽지 않습니다. 다만 달러 가격이 경제 위기에도 급격히 오른다는 점을 고려해 매수 기간과 매도 기간을 다르게 설정해야 합니다. 매도 기간은 원/달러 환율이 정점으로 올라가는 동안 짧게 가져가는 게 좋고, 매수 기간은 이후 길게 가져가는 게 좋습니다.

2020년 이후를 예로 들면, 매수 기간은 2020년 하반기부터 2022년 상반기까지, 매도 기간은 그 이후 반년 동안으로 판단할 수

■ **원/달러 환율 추이**

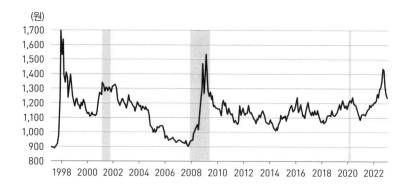

출처: FRED

▶ 원/달러 환율이 치솟는 짧은 정점에 달러를 매도하는 것이 좋다.

있습니다.

또 다른 투자법으로는 매도 지점과 매수 지점을 정해놓고 그에 따라 달러를 사고파는 것입니다. 실제로 국내 모 은행 PB센터와 거래하는 한 자산가는 달러 대비 원화 환율의 매도·매수 기준선을 정해놓고 달러를 사고팔았습니다. 예컨대 1,150원을 기준으로 1,200원에 가까워지면 매도하고, 1,100원 밑으로 내려가면 매수하는 식이었죠(이때는 은행에 줘야 하는 환전 수수료율을 고려해야 합니다). 이 기준선은 환율 변동에 따라 유동적으로 설정하면 됩니다.

환율 변동에 상관없이 달러를 꾸준히 모으는 것도 한 방법입니다. 10년마다 찾아오는 위기를 대비하는 것이죠. 국내 한 유명 투자 자문가는 평소에 달러를 계속 매수하다가 10년에 한 번 올 만한 위기나 달러 급등 시기에 매도하고 있습니다.

이 시기는 국내 주식 가격도 상당히 떨어져 있기 때문에 특히 중요합니다. 이른바 저가 매수 기회로 삼아야 하죠. 이를 통해 환차익과 저가 매수 효과를 동시에 누릴 수 있습니다.

달러 계좌와 달러RP도 이용해보자

달러 자산에 투자하는 가장 간단한 방법은 시중은행에 달러 계좌를 개설하는 것입니다. 요새는 모바일로도 일반 통장 개설하듯 계좌를 쉽게 만들 수 있습니다. 원화 환전 기준 5,000만 원까지 예금자 보호가 되고, 주거래 은행이라면 환전 수수료 혜택까지 기대할 수 있죠.

다만 대부분의 시중은행에서 이자를 거의 지급하지 않기 때문에, 오로지 환차익만 기대할 수 있습니다. 즉 은행에 개설해놓은 '달러 지갑' 정도로 보면 되죠. 그래도 이자가 아쉽거나 위험을 어느 정도 감수하더라도 수익을 얻고 싶다면 증권사에서 파는 달러RP 상품을 매수하는 방법도 있습니다. 달러RP의 'RP'는 환매조건부채권을 뜻하며, '내가 가진 달러를 증권사에 잠시 빌려준다'는 개념으로 보면 됩니다. 증권사는 이렇게 확보한 달러를 미 국공채에 투자하고 원금과 수익의 일부를 돌려줍니다. 이 과정에서 환차익이나 환차손이 발생할 수 있고, 증권사에서 제공하는 투자 상품이기에 예금자 보호는 되지 않습니다.

■ 달러RP 구조

RP란?

Repurchase Agreement,
즉 환매 조건이 붙은 채권

일정 기간 후 채권 발행자가
약속한 확정 이자를 더해
재매수하는 것

달러RP 특장점

미 국채 등에 투자한 후
수익을 돌려주는 상품으로
환차익 기대

환전해둔 달러 예수금을
담아놓는 파킹 상품으로도
활용

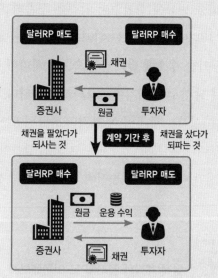

미국 금리가 뛰면
원화는 출렁인다

2022년은 '킹달러' 기간이라고 평가할 수 있습니다. 2022년 3월부터 시작된 연준의 기준금리 인상으로 한국 원화를 비롯해 전 세계 통화 환율이 들썩였죠. 당시 원/달러 환율은 2008년 글로벌 금융 위기 이후 가장 높은 수준인 1달러당 1,450원까지 상승했습니다. 1,500원 선까지 올라갈까 불안해질 정도였죠.

주요 선진국 중 유일하게 금리를 올리지 않고 버티던 일본은 속절없이 엔화 가치 하락을 겪어야 했습니다. 엔화 가치 하락에 따라 달러 기준으로 한국과 일본의 소득 격차도 급속히 줄었습니다[IMF 추산 2022년 일본의 1인당 GDP는 3만 4,358달러(세계 28위), 한국의 1인당 GDP는 3만 3,592달러(세계 30위)였습니다].

일본을 제외한 주요국 중앙은행들은 기준금리를 긴급히 올렸습니다. 특히 일본과 같은 디플레이션을 우려한 유럽중앙은행ECB과 영국 영란은행BOE도 기준금리를 인상하며 연준의 금리 인상에 대응했습니다.

2022년 12월 들어 제롬 파월 연준 의장이 금리 인상 속도 조절론을 밝히면서 원/달러 환율이 1,300원대로 낮아졌고 2023년 들어서는 1,200원대로 떨어졌습니다. 그래도 안심하기에는 이릅니다. 2022년 기준금리 인상에 따른 부작용이 이후에 나타날 수도 있고, 위기가 닥치면 언제든 환율이 치솟을 수 있기 때문입니다.

2020~2021년은 약달러, 2022년은 킹달러

연준이 제로금리 수준으로 기준금리를 낮추고 있던 2020년 12월에 원/달러 환율은 1,086원을 기록했습니다. 2020년 상반기에 커졌던 통화 수급에 대한 시장 불안감이 완화된 덕분입니다. 지속적인 저금리 기조에 통화 공급 정책이 효과를 냈고 K방역의 성과로 한국 경기가 빠른 시일 내 회복하리라는 기대감도 반영되었습니다.

연준이 기준금리를 급박하게 내리자 한국은행의 기준금리가 미국 기준금리보다 높게 형성되기에 이릅니다. 한국은행이 기준금리를 정부 수립 이후 최저 수준(0.5%)으로 낮췄다고 하나 연준이 워낙 낮은 수준(0~0.25%)의 금리를 유지하면서 나타난 현상입니다. 코로나19 팬데믹 이전에 나타난 한미 금리 역전 현상이 해소되자 달러 자

— 원/달러 환율(왼쪽) — 연준 기준금리 목표치(오른쪽, 평균)

출처: e—나라지표, FRED

금이 한국 시장에 유입되었습니다. 원화 선호 현상이 뚜렷해지자 원/달러 환율은 낮게 형성되었죠.[24]

2021년부터 상황이 바뀌면서 미국 장기채 등 시장금리가 상승하고 원/달러 환율도 조금씩 오릅니다. 2021년 한 해 동안 미국 기준금리는 0%대에 묶여 있었지만, 연준이 인플레이션을 우려하며 기준금리를 올릴 수 있다는 예상에 따라 올라간 것이죠. 2021년 하반기에는 연준이 테이퍼링을 명확히 밝히면서 원/달러 환율이 1,200원대로 상승합니다. 앞서 말한 대로 2022년 3월 이후 연준의 기준금리 인상으로 그해 10월 환율이 1,450원까지 오르자 또 한 번 금리 역전 현상이 일어나면서 원/달러 환율이 더 크게 상승했죠.

■ 원/달러 환율 대비 미국 10년물 채권 수익률

▶ 표시된 구간은 미 국채 10년물 금리 상승에 따라 환율이 상승한 구간이다.

출처: e—나라지표, FRED

미국이 재채기하면
한국은 몸살이 난다

2022년 원/달러 환율의 고공행진은 강달러 현상, 한미 금리 역전 현상, 경기에 대한 우려 등이 복합적으로 나타난 결과로 볼 수 있습니다.

앞서 언급한 대로 전 세계 투자자들은 한국 원화보다 미국 달러화를 더 선호합니다. 미국 달러화는 거의 모든 나라에 쓰이고 심지어 북한 암시장에서도 거래되죠. 경제 규모로 봤을 때도 미국이 한국보다 크고 안정적입니다. 미국은 넓은 영토를 가진 자원부국이자, 전 세계 기술 혁신을 선도하는 국가이니까요.

투자 가치 면에서 불리한 한국 원화는 미국 달러화보다 금리를 높게 가져가야 합니다. 단 0.1%p라도 이자를 더 줘서 원화 자산을 사려는 수요를 유도해야 하죠. 인플레이션이 높고 환율도 자주 크게 바뀌는 신흥국의 경우에는 더욱 그렇습니다. 그나마 한국은 경제력과 국민 구매력 수준이 선진국 반열에 올라서 예전보다 나아졌다는 평가를 받죠. 따라서 연준이 기준금리를 급하게 올렸던 2022년 하반기에는 원/달러 환율을 유지하기가 매우 어려웠습니다.

설령 미국이 기준금리를 내리더라도 원/달러 환율이 바로 내려간다고 보기 힘들 수 있습니다. 세계 경기에 대한 우려가 짙게 남아 있기 때문입니다. 수출로 먹고사는 한국 경제 입장에서 결코 반갑지 않은 상황입니다. 언제든 원/달러 환율은 오를 수 있습니다.

실제로 대내외 금융 위기가 발생하면 원/달러 환율은 급등했습니다. 1997년 외환위기, 2008~2009년 글로벌 금융 위기, 2011년 유럽 재정 위기, 2015년 중국 경제 경착륙 우려 제기, 2016년 미국 연준 금리 인상 등의 사례에서 원/달러 환율은 민감하게 반응하며 오르곤 했죠.

이에 대한 대표적인 예가 공포지수로 불리는 시카고옵션거래소 변동성 지수VIX, Chicago Board Options Exchange Volatility Index와 원/달러 환율의 관계입니다. 이 둘은 관련성이 꽤 높습니다. 미국 주식 시장에서의

■ 원/달러 환율과 VIX의 관계

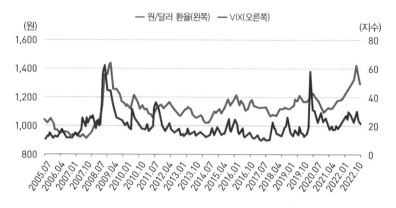

— 원/달러 환율(왼쪽) — VIX(오른쪽)

▶ 원/달러 환율과 VIX는 거의 비슷한 흐름을 보이고 있다.

공포가 원/달러 환율에 그대로 전이된다고 할 수 있죠.

참고로 VIX는 미국 주식 시장 내 단기간 나타나는 시장 심리를 나타내는 지수로, 미국 S&P500을 바탕으로 산출합니다. 정확히는 S&P500 옵션 가격으로 산출되는데, 이 옵션 지수는 30일 이내 변동성을 예측합니다. 예컨대 VIX가 50이라면 30일 이내 S&P500 하락폭이 50%에 이를 것이라는 뜻입니다. 그만큼 시장에서 느끼는 공포감이 크다고 볼 수 있죠.

금리와 환율을 살피면
돈 나올 국가가 보인다

2000년대에는 한때 '와타나베 부인'이란 말이 유행했습니다. 비슷한 맥락에서 미국의 '스미스 부인', 유럽의 '소피아 부인', 한국의 '김 씨 부인'이란 말이 나왔죠. 해외 직접 투자가 익숙하지 않던 당시에 남편의 월급 일부를 해외 자산에 투자하면서 수익을 올리던 여성들을 지칭하는 말이었습니다.

이들의 투자법은 당시에는 그럴싸했습니다. 예컨대 금리가 1%인 자금을 은행에서 빌려 금리가 5%인 해외 통화에 투자해 4%p 정도의 이자 수익을 올렸죠. 환율이란 변수를 고려하지 않는다면 꽤 괜찮은 투자였습니다.

앞서 간단히 살펴보았지만, 이처럼 저금리로 조달된 자금을 고금리 해외 자산에 투자하는 것을 일컬어 캐리 트레이드라고 합니다. 캐리 트레이드는 1990년대 중반 이후 일본은행이 제로 수준으로 금리를 떨어뜨리자 일본 투자자들이 해외 자산 쇼핑에 나서면서 본격화되었습니다. 제로에 가까운 금리로 돈을 빌려 전 세계 자산을 매입하려는 일본 투자자들의 거대한 자금 물결이 생긴 것이죠. 엔화에서 달러 등 해외 통화로 바꾸려는 수요도 늘다 보니 엔화 가치는 하락하고 환차익까지 덤으로 얻을 수 있었습니다.

투자 업계에서는 캐리 트레이드를 하는 일본 투자자들을 와타나베 부인이라고 불렀는데, 실제로는 80% 이상이 남성으로 밝혀졌습니다. 금융사 트레이더 비중이 높았기 때문으로 보입니다.

캐리 트레이드의
원조는 일본

1980년대 자산 거품이 초절정에 달리던 일본 경제는 1990년대 들어 경기 위축에 시달립니다. 자산 가격이 빠지면서 전체적으로 물가가 하락하는 디플레이션에 빠진 것이죠.

지금도 그렇지만 디플레이션과 같은 경기 불황에는 금리부터 낮아집니다. 일본은행도 1990년대 중반부터 기준금리를 거의 0%대로 낮추었죠. 하지만 당시 세계 2위 경제대국이고 '부자도 망해도 먹고산다'는 인식이 있어서 그런지 엔화에 대한 선호도는 아직 높았습니다.

직장인 급여는 제자리인데 주식과 부동산 시장까지 침체되자 다양한 투자 방법이 등장합니다. 그중 하나가 엔화를 거의 무이자로 대출받아 고금리 국가 자산에 투자하거나 예치하는 것입니다. 기업이 대출을 받아 투자와 고용을 늘리기를 원했던 일본은행의 방향과 전혀 달랐죠. 한 예로 1990년대부터 2000년대까지 일본계 자금들이 한국 대부업체 시장에 대거 유입됩니다. 한일 이자율 격차에 따른 차익을 기대했기 때문입니다.

다만 엔화 금리가 낮다고 해서 캐리 트레이드가 무조건 성립되진 않습니다. 엔화 가치가 급격히 상승하거나 투자한 나라의 통화 가치가 급격히 낮아지면 손해를 볼 수 있죠. 게다가 2020년대 이전만 해도 경제 위기가 닥치면 일본 엔화에 대한 선호도가 높아졌습니다. 전 세계적으로 안전 자산이라고 인식된 이유가 큽니다. 그에 따라 엔화 가치가 일본 정부나 일본은행의 의도와 다르게 치솟곤 했습니다. 다시 말해 투자 적기를 잡기가 쉽지 않았죠.

■ 엔 캐리 트레이드의 두 가지 형태 비교

	파생상품 엔 캐리 트레이드	기초자산 엔 개리 트레이드
투자 대상	• **통화선물 등 파생상품**: 저금리 통화(엔화) 매도, 고금리 통화 매수 포지션	• **증권 등 현물**: 투자 대상국 증권 매입
운용 형태 및 추정 지표	• **해외 투자자의 통화 선물 거래**: CME IMM 선물 거래 포지션 • **일본 국내 투자자의 FX 매매**: FX 마진 거래 포지션	• **해외 투자자의 차입 거래**: 일본은행의 엔화 해외 대출, 본지점 간 대출 • **일본 국내 투자자의 외화 자산 투자**: 개인 외화예금, 대외증권 매입

출처: 김정규. "엔캐리 트레이드의 재개 가능성 점검"(BOK 해외경제 포커스, 2014), 26.

5장·금리와 환율 | **267**

엔 캐리 트레이드에서 일본 투자자가 투자 수익을 거두려면 두 가지 조건이 충족되어야 합니다. 먼저 '일본 내 금리가 낮다'는 전제에서 '일본 엔화 가치가 떨어지는 추세'여야 하죠. 해외 자산에 투자하고 이후 엔화로 환전할 때 환차익을 극대화하기 위해서입니다.

이와 함께 '다른 나라들이 금리를 올리는 추세'여야 합니다. 일본과 투자 대상국의 금리가 확대되어야 환차익에 대한 위험을 줄이면서 더 높은 수익을 기대할 수 있습니다. 이를 토대로 파악하면 2000년대 이후 세 차례 정도 일본 엔화가 중심이 된 캐리 트레이드가 일어난 것으로 보입니다.[25]

첫 번째는 중남미와 아시아 국가들의 외환 위기가 진화되어가던 2000년 1월부터 2001년 7월까지입니다. 위기에서 벗어난 아시아 국가들은 각국의 자본 유입을 유도하기 위해 금리를 비교적 높게 유지했습니다. 위기 후 경기가 회복되는 시점이어서 이들 나라의 환율도 안정적이었죠.

두 번째는 2005년 2월부터 2007년 10월까지 연준이 기준금리를 꾸준히 인상한 시기입니다. 미국과 일본의 단기 금리 격차가 커지자 엔화 시세는 하락세를 보였습니다. 달러 가치는 오르고 엔화 가치는 상대적으로 떨어졌죠. 그 때문에 달러 자산을 사놓았다가 엔화로 환전하면 엔화를 더 많이 얻을 수 있었습니다.

세 번째는 아베 신조 전 일본 총리의 내각이 출범한 직후인 2013년입니다. 아베 전 총리는 수출 기업의 가격 경쟁력을 높이기 위해 엔화를 시장에 많이 풀어 엔화 약세를 유도하는 정책을 펼칩니다. 기업 실적이 좋아지면 국민 소득도 높아질 것이라고 기대했죠. 이때는 연준이 제로금리 정책을 펼치고 있었지만 장기채를 중심으로 금리가 상승하고 있었습니다. 따라서 미국과 일본의 금리 격차에 따른 캐리 트레이드 거래가 성행했습니다.

2022년에도 엔 캐리 트레이드의 정황이 충분히 있었습니다. 2022년 연준이 기준금리를 4.5%까지 높이며 강달러를 유지하는 동안 일본은행은 제로금리를 고수했기 때문입니다. 일본 내 자본 유출로 엔화 가치가 하락하자 엔 캐리 트레이드로 추정되는 투자 흐름이 나타나기도 했습니다.

양날의 검, 캐리 트레이드

이와 반대로 엔 캐리 트레이드로 손해를 본 때도 있었습니다. 바로 2008년 글로벌 금융 위기 직후인데요, 당시 전 세계 거의 모든 나라의 투자 시장이 부진했지만 엔 캐리 트레이드 투자자들의 손실이 유독 컸습니다. 엔화가 안전 자산이라는 인식이 컸기 때문입니다. 예컨대 1달러에 100엔이던 엔/달러 환율이 (엔화 자산 선호 현상 속에) 80엔까지 떨어지면 당장 20%의 환차손을 보게 됩니다. 그간 캐리 트레이드로 풀려나간 자금들이 다시 돌아오면서 엔화 가치는 더욱 급등했습니다.

오히려 이때는 미국 달러를 통해 투자하는 달러 캐리 트레이드가 성행했습니다. 이른바 스미스 부인의 시대라고 볼 수 있는데요, 미국의 달러 투자가 거대한 홍수가 되어 한국을 비롯한 신흥국 주식과 채권 투자에 흘러 들어왔습니다. 덕분에 위기에 빠졌던 신흥국 경제는 빠르게 회복될 수 있었죠.

캐리 트레이드에 이런 효과가 있다고 해도 캐리 트레이드는 투기성을 내포하고 있습니다. 국가 간 통화 환율 및 금리 차이를 통한 차익 거래가 본질이기 때문입니다. 단기 핫머니의 성격을 띨 가능성이 높을 수밖에 없습니다. 이런 자금이 몰려온다면 투자 대상국의 통화

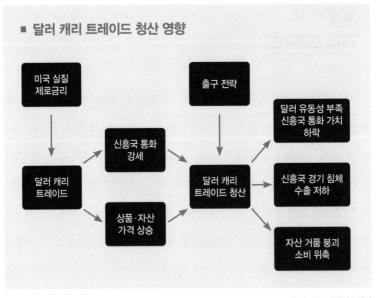

■ 달러 캐리 트레이드 청산 영향

출처: KDI 경제정보센터

가치는 과도하게 오르고, 수출 상품의 가격 경쟁력은 타격을 받을 수 있습니다. 주식이나 부동산 등으로 유입되면 버블까지 형성될 수 있죠.[26] 해외 자금이 들어오는 것은 좋지만 크게 넘칠 정도로 들어오는 것은 반갑지 않다는 뜻입니다.

일반 투자자라면 달러 자산이 우선이다

한국인도 해외 투자를 많이 하는 시대가 되었습니다. 각 증권사 앱을 통해 미국 주식을 쉽게 살 수 있고, 펀드 상품을 통해 신흥국 채권 등에도 투자할 수 있죠. 다만 한국은 일본처럼 제로금리를 유지할 수 없습니다. 즉 다른 나라와의 단기 금리 차이에 따른 차익을 기대하긴 어렵죠. 러시아나 브라질처럼 고금리 국가에 투자하는 방법도 있지만 환위험이 큽니다.

더욱이 이런 나라에 직접 투자하는 것은 한국 투자자 입장에선 불리합니다. 기본적으로 달러로 환전하는 과정을 거쳐야만 루블화(러시아)나 헤알화(브라질) 통화 자산을 살 수 있기 때문입니다. 즉 원화가 국제적으로 선호되는 통화가 아니다 보니 환전 비용을 이중으로 부담해야 하죠.

따라서 해외 투자에 관심 있는 일반 투자자라면 달러 자산에 직접 투자하는 것을 추천합니다. 달러는 전 세계적으로 수요가 높고 경제 위기에도 가치가 오릅니다. 원화 가치 하락의 위험도 어느 정도 헤지할 수 있죠.

미국은 여전히 국토 대부분이 미개발 상태인 만큼, 미국 경제는 앞으로도 성장할 가능성이 높습니다. 전 세계 금융과 산업 혁신을 주도하는 나라라는 점도 매력적입니다.

달러 가치는
연준 정책에 따라 달라진다

　달러 가치는 무엇으로 결정될까요? 달러는 미국의 통용 화폐이다 보니 미국 내 금리 정책과 경제·정치 요인 등에 따라 변합니다. 연준의 통화정책, 경제성장률, 고용 지표 등이 달러 가치에 직접적인 영향을 주죠.

　대외적으로는 세계 경제 위기마다 나타나는 달러 선호 현상이 있습니다. 특정 나라의 경제가 위기에 처하거나 전 세계적인 위기가 닥치면 달러를 사려는 수요가 늘어나면서 달러 가치도 함께 오릅니다.

　물론 세계 경제 위기 중 상당 부분이 미국 내 경제 상황과 연관되어 있는 경우가 많습니다. 2008년 글로벌 금융 위기가 그 예입니다. 미국 금융 시스템이 위기에 빠지면서 전 세계 경제가 함께 어려워졌는데, 미국 통화인 달러의 가치는 되레 올랐습니다.

연준의 주요
통화·금리 정책

여느 통화처럼 달러도 수요와 공급에 따라 가치가 결정됩니다. 즉 공급이 많아지거나 수요가 줄면 달러 가치가 떨어집니다. 예컨대 2006년부터 2008년 7월까지 연준은 달러 통화량을 완만하게 늘려가고 있었습니다. 서브프라임모기지 사태에 따른 자금 경색 우려가 커지자 기준금리까지 인하하면서 달러 유통량을 늘린 것이죠. 이 기간 달러 가치 지표 중 하나인 달러 인덱스는 늘어난 달러 통화량

■ 달러 통화량 대비 달러 인덱스

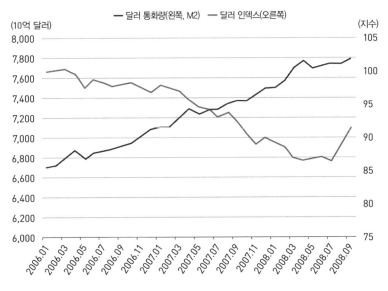

출처: FRED

에 따라 상대적으로 가치가 꾸준히 하락했습니다.

2020년 3월 이후 연준이 달러 공급량을 급격히 늘리자 달러 인덱스는 '어느 정도' 떨어지는 모습을 보입니다. 무조건적인 달러 선호 현상이 줄어들면서 원/달러 환율도 하향 곡선을 그리며 떨어졌죠.

연준의 금리 정책도 달러 가치에 직접적인 영향을 줍니다. 연준이 기준금리를 올리면 달러화 자산에서 기대할 수 있는 수익률이 올라가죠. 달러 수요가 늘면 이들 자금은 미국으로 다시 돌아옵니다. 달러 가치 추이를 예측하는 데 통화량보다 더 효과적인 수단이라고 할 수 있죠. 2022년 3월 이후 연준의 기준금리 인상과 함께 달러 가치가 급등한 게 또 하나의 예입니다.

■ **달러 인덱스 대비 연준 기준금리**

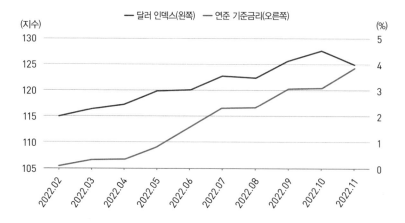

출처: FRED

경제 위기는
모든 것을 뒤엎는다

미국의 통화·금리 정책보다 앞서는 게 있습니다. 바로 '시장 심리'입니다. 위기가 닥칠 것이라는 불안감은 달러 매수를 부채질합니다. 자국 통화 시스템이 붕괴될 정도의 경제 위기를 겪고 있는 나라에서도 달러는 '귀한 몸' 취급을 받죠.

앞서 설명한 대로 연준은 2020년 상반기부터 2022년 상반기까지 약 2년간 전례 없을 정도의 달러를 풀었습니다. 이 같은 조치에도 달러 인덱스는 떨어질 줄 몰랐습니다. 코로나19가 언제든 다시 유행하고 경제가 마비될 수도 있다는 불안감이 컸기 때문입니다.

2006년부터 2022년까지 전체적인 달러 통화량 추이를 보면, 연준은 꾸준하게 달러 공급량을 늘려왔습니다. 세계 경제 성장에 따라 필요한 만큼 달러를 수급했다고 볼 수 있죠. 그러다 2008년과 2020년 갑자기 튀어오릅니다. 실제로 2008년 글로벌 금융 위기와 2020년 코로나19 팬데믹에 따른 경제 위기를 진화하기 위해 연준이 갑작스레 달러를 풀었기 때문입니다.

달러 인덱스는 이때 같이 상승했다가 상당한 기간이 지나서 낮아졌고 시장은 안정을 되찾습니다. 이를 통해 연준의 금리·통화 정책에 앞서 시장 심리가 달러 가치를 좌우한다고 짐작할 수 있습니다.

■ 달러 인덱스 대비 연준 자산 규모

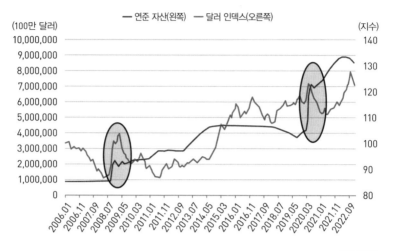

출처: FRED

▶ 2008년과 2022년에 달러 인덱스와 연준 자산 규모가 함께 오른 것을 확인할 수 있다.

미세하게 달러 가치를
움직이는 것들

　장기적으로 보면 연준의 통화·금리 정책과 대외 경제 환경 등이 달러 가치에 큰 영향을 주지만, 미국 경제 지표도 이보다 영향력을 덜하지만 달러 가치를 올리거나 내립니다. 미국 경제가 성장하면 달러 가치가 오르고 그렇지 못하면 달러 가치가 떨어지는 식입니다. 통화 가치가 그 나라 경제력과 비례하는 것과 같은 맥락이죠.

실제로 분기별로 발표되는 미국 경제성장률이 시장 예상치를 웃돌면 달러가 강세를 띱니다. 경제성장률이 높다는 것은 그만큼 경제 규모가 커지고 유통되는 달러 수요가 증가했음을 의미합니다. 고용 지표와 실업률 지표도 달러 가치에 영향을 줍니다. 미국의 체감 경기를 바로 알 수 있는 지표로서, 고용 지표가 개선되면 미국인 소비도 증가하고 미국 경제 성장으로 직결됩니다.

같은 맥락에서 소비자신뢰지수도 달러 가치에 영향을 줍니다. 소비자신뢰지수가 오르면 미국에서 더 많은 소비가 나타날 것이라고 예상할 수 있죠.

가끔 일어나는 미국 내 정치 불안도 달러 가치를 흔들곤 합니다. 2013년 10월 미국 연방정부 셧다운 사태가 벌어지자 당시 미국 연방정부의 부채 한도 증액 문제를 놓고 공화당과 민주당이 대립했고, 달러화는 약세를 보였습니다. 양당 대립은 연방정부 임시 폐쇄라는 중대 사태로 이어졌죠.

달러 가치가 궁금하면 달러 인덱스를 살펴보자

앞서 설명한 대로 달러 인덱스는 달러화 가치를 나타내는 주요 지표 중 하나로, 달러의 국제적인 가치를 확인할 수 있습니다. 원/달러 환율만 봐서는 감이 오지 않을 수 있는데, 달러 인덱스를 통해 달러 가격이 적절한지 비교할 수 있죠. 달러 인덱스는 지수 100을 기준으로 오르내리는데, 대체로 100을 넘어설 때 '달러가 강세다'라고 표현합니다.

달러 인덱스는 규모가 큰 국가의 통화에 가중치를 더 주는 식으로 환산됩니다. 여기에 각국 통화와 달러 교환 비율을 더해서 지수로 만든 것이죠. 달러 인덱스를 구성하는 통화로는 유로존 유로, 일본 엔화, 영국 파운드화, 캐나다 달러화, 스위스 프랑화, 스웨덴 크로나화 등이 있습니다. 이 중 유로화의 가중치가 가장 높고, 그다음으로 엔화, 파운드화 순입니다.

유로화는
양극화가 문제다

　유로화는 국제적으로 달러 다음으로 영향력이 큰 화폐입니다. 유로화를 채택한 20개국(유로존)의 경제 규모는 2022년 추정치로 미국과 중국 다음입니다. 인구 규모는 미국을 약간 웃돌죠. 아직은 명실상부한 '넘버2'라고 할 수 있습니다.

■ 2022년 주요 국가 GDP 추정치

	GDP	1인당 GDP	인구
미국	22조 9,960억 달러	6만 9,227달러	3억 3,200만 명
중국	17조 4,460억 달러	1만 2,562달러	14억 1,100만 명
유로존	14조 5,590억 달러	4만 2,318달러	3억 4,300만 명

출처: IMF

그러나 유로존은 2010년 이후 10년 넘게 남유럽 국가들의 경제 위기로 골머리를 썩고 있습니다. 유로존의 산파 격인 유럽연합EU이 위기 해결을 위해 막대한 자금을 구제금융 등으로 투입했지만, 큰 효험이 없었습니다. 되레 회원국 간 갈등만 더 커졌죠. 제2차 세계대전 이후 '하나의 유럽'을 향해 수십 년간 전진해왔고 최종 기착지라고 여긴 '단일 통화'까지 쓰게 되었지만 여전히 불안정한 상태입니다.

순탄치 않았던 유로화의 출발

유로화는 1999년 출범 직후 동유럽 내 유고전쟁 여파와 전체적인 유럽 경제 침체로 불안한 출발을 보였습니다. 유럽 금융 시장의 관문이자 미 대륙과 가교 역할을 하는 금융대국 영국도 합류를 거부하면서 독일과 프랑스 중심의 통화라는 한계를 가질 수밖에 없었죠.

그러다 2000년대 초중반 달러가 약세를 보이면서 유로화 가치가 오릅니다. 유로존의 경제 규모와 소득 수준에 대한 후한 평가가 반영된 것이죠. 2008년 글로벌 금융 위기 직전인 2008년 7월에 1유로의 환율은 월간 기준 1.57달러까지 오릅니다. 2000년 9월에 1유로 환율이 약 0.85달러였다는 점을 고려하면 8년간 2배 가까이 뛴 것입니다.

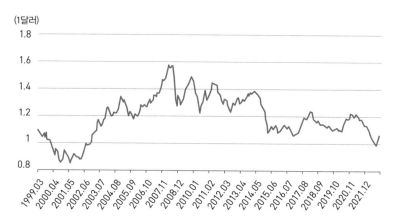

출처: FRED

2008년 미국에서 발생한 금융 위기는 유로화의 위상에 찬물을 끼얹습니다. 위기 초반만 해도 미국 내 문제로 치부했지만 2009년 기점으로 유럽 내 은행까지 연쇄적으로 위험에 빠집니다.[27] 각국 부채 문제가 서로 연관되어 있었기 때문입니다. 전 세계적인 위기감이 고조되고 유로존에 들어왔던 자본도 이탈하면서 유로화의 가치는 하락합니다. 반대로 달러는 귀한 몸이 되죠.

유로존 경제에 비상등이 켜지자 유로존 회원국들은 긴장합니다. 회원국 간 의존성이 높아지면서 유로존 전체 위기로 커진 것이죠. 그나마 독일 등 수출 제조업이 탄탄하던 국가들은 빠르게 위기에서 벗어났지만, 남유럽 국가들은 재정 위기까지 몰립니다. 자산 가격 하락에 따른 실물 경기 침체와 이자율 상승에 따른 채무 부담이 커진 탓입니다.

이후 유럽은 재정 위기까지 겹쳐 정치적·사회적으로 혼란스러웠습니다. 2015년 11월 프랑스 파리에서는 이슬람 극단주의자들의 총기 난사와 폭탄 테러로 130명이 사망하는 사건이 일어납니다. 같은 해에 시리아 난민이 유럽으로 대규모로 유입되면서 이들을 둘러싸고 유럽 국가 간 의견차가 커지기도 했죠. 2016년에는 영국의 브렉시트 국민투표까지 가결되는 등 정치·경제·사회 전반에서 유럽이 위기에 봉착하자, 유로존 경제에 대한 의구심도 커졌습니다.

유로존 내
양극화의 위험성

유로존 통합이 어려운 가장 큰 이유는 북유럽 국가와 남유럽 국가 간의 격차 확대와 갈등입니다. 북유럽 국가인 독일은 그전에 쓰던 마르크화보다 가치가 낮아진 유로화를 사용하면서 경제적 이득을 얻었습니다. 2000년 초반부터 독일은 유로존 내 전체 수출의 40%를 차지하면서 이 지역 최대 수출국이 되었죠.

반면 남유럽 국가들은 재정 불건전 국가로 부도 위기에 직면해 있습니다. 여전히 정부 부채 수준은 높고 만성적인 경상수지 적자를 겪고 있죠. 2020년 코로나19 팬데믹이라는 직격탄까지 맞자, 그 해 그리스와 이탈리아는 경제성장률이 -9%를 기록했고 스페인은

■ 주요 유럽 국가의 GDP 성장률

(%)

	2019년	2020년	2021년
핀란드	1.2	−2.3	3.5
네덜란드	2.0	−3.8	5.0
독일	1.1	−4.6	2.9
스웨덴	2.0	−2.9	4.8
그리스	1.8	−9.0	8.3
이탈리아	0.5	−9.0	6.6
스페인	2.1	−10.8	5.1
포르투갈	2.7	−8.4	4.9

출처: KOSIS 국가통계포털

▶ 2020년 전반적인 하락세에서 그리스, 이탈리아, 스페인, 포르투갈 등 남유럽 국가의 GDP 성장률은 큰 폭으로 하락했다.

-10.8%였습니다. 포르투갈도 8.4% 역성장했고, 북유럽 국가들도 2~4% 정도 경제성장률이 하락했습니다.

　문제는 이런 양극화 문제를 해결할 뚜렷한 방도가 없다는 것입니다. 달러에 이은 기축통화로 인정받으려면 유로존 내 정치와 경제가 더 끈끈하게 통합되어야 하는데 말이죠. 각국 주권 문제와 서로 다른 이해관계로 쉽사리 해결되지 못할 것으로 보입니다.

　스페인이나 그리스 등은 유로존 탈퇴가 해법이 될 수도 있습니다. 유로존에서 불량 국가로 남아 있으니 독자 노선을 걸으면서 자체 통화와 중앙은행을 갖는 것이죠. 하지만 이 방법도 위험하긴 마찬가지입니다. 즉 유로존을 탈퇴하든 그대로 남아 있든 사회적·경제적 혼란에서 자유로울 수 없습니다. 또한 세계 3위 경제권의 해체 우려는 세계 경제 위기로 이어질 수 있습니다.

2022년 널뛰었던 유로화, 금리까지 올렸지만

유로존의 중앙은행인 유럽중앙은행은 2012년 남유럽 국가들의 재정 위기 이후로 금리를 1% 밑으로 내려 유지해왔습니다. 유로존 국가들의 디플레이션 우려가 커졌기 때문입니다.

이후 기준금리를 0%대로 내렸지만 유로존 내 경기는 여전히 침체되어 있었습니다. 북유럽과 남유럽의 경제적 격차가 커지는 상황에서 근본적인 해결책을 낼 수 없었던 이유가 큽니다.

2022년 7월 유럽중앙은행은 기준금리를 0.5%로 인상합니다. 연준의 기준금리 인상으로 달러 가치가 높아지자 유로화 가치 하락을 보고만 있을 수 없었죠. 유럽 내에서도 인플레이션 문제가 불거지면서 다소 경기를 희생시키더라도 기준금리를 올려야 한다는 의견이 설득력을 얻었습니다.

뒤늦게 기준금리를 올리며 연준의 뒤를 따랐지만 유로화 가치 하락은 멈추지 않았습니다. 2022년 8월 22일에는 유로화 대비 달러 환율이 0.9943달러로 20년 만에 최저 수준을 기록합니다. 달러 패리티 (유로화와 달러의 1대1 등가 교환)가 다시금 깨진 것입니다.

유로보다는 달러다

일본처럼 최악의 상황은 아니어도 유로존도 2019년까지 디플레이션을 겪었습니다. 2023년 이후에는 물가는 높고 경기는 가라앉아 있는 스태그플레이션이 지속될 가능성이 높습니다. 유럽 각국의 경기가 살아나지 못한 이유가 큽니다. 그래서 높은 달러 가치에 비해 유로화 가치가 상대적으로 낮게 유지되고 있죠. 유로화가 달러화에 이은 두 번째 국제 통화임은 틀림없지만, 그동안 유로는 달러 앞에서 원화와 다를 바 없는 움직임을 보였습니다. 1등인 달러에 이어 2등이라고는 하지만, 1등과 2등의 격차가 매우 크죠.

제로금리 고집하는
일본의 슬픈 현실

　전 세계 선진국 중앙은행 중 유일하게 마이너스 수준의 제로금리를 유지해온 일본은행은 일본 정부가 정한 국채(10년물) 금리 상한선인 0.25%를 지키기 위해 부단히 노력했습니다. 그러나 2022년 12월 21일 방침을 바꾸었습니다. 중앙은행의 기준금리는 그대로 둔 채 국채 금리 수준을 기존 0.25%에서 0.5%까지 용인한다고 발표한 것이죠.

　여러 경제 매체에서는 엔화 약세가 지속되고 일본 내부 자본의 유출이 심화된 데 따른 '어쩔 수 없는 수(手)'라고 해석하고 있습니다. 어쩌면 일본 정부와 일본은행이 시장 개입에 한계를 느꼈을 수도 있습니다. 그전까지 일본 외환당국은 떨어지는 엔화 가치를 방어하기 위해 외환 시장에 적극 개입했고, 일본은행은 금리 상승을 막기 위해 무제한 국채 매입을 선언했습니다.

시기	기준금리(%)			
	미국	유로존	일본	영국
2021년 12월	0.25	0	−0.1	0.25
2022년 12월	4.5	2.5	−0.1	3.5

출처: 인베스팅닷컴

실제로 2022년 10월 국채 금리 상한선 0.25%가 위협받자, 일본은행은 예정에 없던 시장 개입에 나섰습니다. 당시 블룸버그 보도에 따르면 일본은행은 5년물 이상 국채를 2,500억 엔(약 2조 3,887억 원)어치 매입하고, 이와 별도로 10년물 국채를 금리 0.25%에 무제한 매수한다는 계획을 발표했습니다. 중앙은행이 나서서 국채를 사들인다는 것은 '국채에 대한 수요를 보전해준다'라는 의미가 됩니다. '너네가 안 사면 내가 산다'라면서 왕창 사들이는 것이죠.

'우리는 패배했다'와 같은 일본은행의 결정으로 전 세계 증시는 출렁거렸습니다. 안전 자산으로 소문난 일본 엔화의 강세가 예상되는 한편, 일본 내 만연한 디플레이션과 과중한 정부 채무 부담이 부메랑이 되어 돌아올 수도 있기 때문입니다. '세계 제3위 경제대국인 일본에 심각한 경제 문제가 생긴다?' 생각만 해도 끔찍합니다.

중앙은행의 채권 매입은
왜 중요할까?

채권은 '가격과 금리가 반대로 움직인다(가격이 떨어지면 금리가 오른다)'라는 원리에 따라 가격이 하락하면 수익률 격인 금리가 오릅니다. 이에 따라 사는 사람이 없어서 일본 국채 가격이 떨어지면 금리는 오를 수밖에 없죠. 따라서 일본은행은 '사는 사람'을 자처하며 국채 가격이 떨어지지 않게 억지로 떠받쳐왔다고 볼 수 있습니다. 중앙은행에서 엔화를 찍어내면 되니까, 유동성(통화량)도 풀 겸 국채 금리도 관리하려 했던 것입니다.

문제는 다른 나라 중앙은행과의 역학관계입니다. 미국을 중심으로 각국 중앙은행이 통화 긴축 정책을 펼치자 엔화 자산을 버리고 떠나는 외국인 규모가 늘어났습니다. 블룸버그에 따르면 일본 재무성이 잠정 집계한 2022년 9월 외국인의 순매도 일본 채권 규모는 6조 3,900억 엔으로 역대 최고치였습니다. 2022년 9~10월에 걸쳐 달러 대비 엔화 환율은 149엔에 다다랐습니다. 심리적 저항선 150엔 선을 눈앞에 두고 있었죠.

국채 금리 상한선을 0.5% 선까지 물렸다는 것은 '중앙은행의 부담을 덜어준다'는 뜻으로 풀이할 수 있습니다. 그동안 일본은행은 시장에 나오는 국채를 0.25% 금리 유지 목표라는 미명 아래 속속 사들였습니다. 하지만 엔화 가치가 떨어진 상황에서 엔화 국채 가격을 계속 유지하기는 무리였을 겁니다.

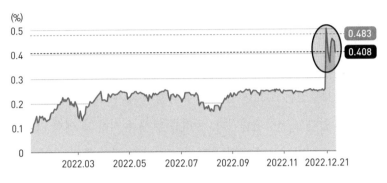

(%)

| 0.483 |
| 0.408 |

출처: 인베스팅닷컴

▶ 2022년 12월에 금리가 0.2% 선에서 0.5% 밑선까지 올랐다.

일본은행 입장에서는 한숨 돌렸겠지만, 금리 유지를 위해 채권을 계속 매입해야 합니다. 마지노선이 0.25%에서 0.5%로 물러났을 뿐, 일본 엔화 채권에 대한 매도는 넘쳐나기 때문입니다. 기준금리를 올린 다른 나라 채권과 비교하면 0.5% 금리는 사실상 '껌값'이나 다름 없습니다.

일본 정부의 채무 부담도 그대로입니다. 오히려 더 늘어났죠. 새로 발행하는 국채에 지급해야 하는 이자 부담이 예전(0.25%)보다 2배로 늘어났기 때문입니다. 일본 정부가 기준금리 인상을 용인하고 싶어도 그러지 못하는 이유가 바로 채무 부담 가중입니다.

실제로 일본 정부의 채무 부담은 심각할 정도입니다. 2022년 6월 기준 일본 재무성이 집계한 국채, 차입금, 정부단기증권을 합한 국가 부채는 1,255조 1,932억 엔(약 1경 2,270조 원)입니다. 2023년 3월 말부터 계산하더라도 13조 9,000억 엔이 늘어나며 역대 최고치를 기록했습니다. 국민 1인당 부채는 사상 처음으로 1,000만 엔을 넘어섰죠. 원화로 치면 국민 1인당 1억 원에 가까운 빚을 지고 있는 것입니다.

일본 재무성은 2022년 말에 전체 국가 부채가 1,411조 엔까지 늘어날 수 있다고 전망했습니다. 금리를 낮게 유지한 채 엔화 가치와 국채 금리를 방어하면서 빚 부담이 커졌다고 해도 틀린 말이 아닙니다.

물론 일본 정부와 일본은행도 다른 나라처럼 금리를 올리고 자국 자산 가치를 방어하고 싶어 합니다. 하지만 고질적이고 만연화된 디플레이션 때문에 금리를 올렸다가 경기가 더 악화될까 우려하고 있죠. 더 큰 문제는 일본 정부와 일본은행이 달리 쓸 방도가 많지 않다

■ 주요 국가별 GDP 대비 부채 비율(2020년 기준)

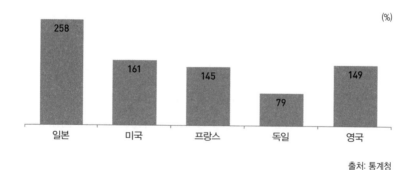

출처: 통계청

▶ 주요 선진국과 비교했을 때 일본의 부채 비율이 압도적으로 높다.

는 점입니다. 추가로 금리 인상을 하기는 힘들고, 마냥 엔화를 풀면서 부채를 늘리는 것도 어렵습니다. 하루속히 미국이 기준금리 인상을 멈춰주기를 바라는 수밖에 없습니다.

1980년대에 세계 최강 경제대국 자리를 노리다가, 이제는 자기 힘으로 아무것도 할 수 없게 된 '천수답(天水畓)' 일본 경제가 된 것 같아 씁쓸하기도 합니다.

어쩌면 현실이 될
한일 역전

일본 엔화의 '나홀로 추락'으로 한국과 일본의 1인당 GDP가 역전될 수도 있습니다. 2017년 구매력평가지수PPP에서 한국이 일본을 앞섰다고는 하지만, GDP에서는 여전히 일본이 한국보다 높습니다.

계속된 엔화 가치 하락에 대한 우려의 목소리는 일본 내에서도 나왔습니다. 일본 경제 석학인 노구치 유키오(野口悠紀雄) 일본 히토츠바시 대학교 명예교수는 2022년 7월 24일자 경제지 〈도요게이자이(東洋)〉에 "엔화 약세로 '일본이 한국보다 가난해졌다' 충격의 사실"이라는 칼럼을 쓰기도 했습니다.[28] 노구치 교수는 양국의 임금, 1인당 GDP 성장률, 국민의 영어 능력 지표 등을 예로 들며 G7 회원국 중 일본이 빠지고 한국으로 교체될 수 있다고 예측하기도 했습니다.

실제로 우리나라 1인당 국민소득이 일본의 국민소득을 앞서게 된다면 우리 역사에서 큰 경사가 아닐 수 없습니다. 식민지 경험을 포함한 100년의 체증이 내려가는 계기가 된다고 할까요? 국제 열강들의 수탈 속에 고통의 시간을 보냈던 수많은 나라들에도 희망이 될 것입니다.

그러나 한국도 일본의 전철을 밟고 있다는 점에서 '상처뿐인 영광'으로 남을 공산도 큽니다. 우리도 일본처럼 장기 디플레이션에 빠질 가능성이 있기 때문이죠. 우리의 저출산 상황은 일본보다 심각합니다. 노령화 속도는 일본보다 빠릅니다.

수출 중심의 우리 경제도 중국을 비롯한 후발 개발도상국들에게 쫓기고 있습니다. 새로운 대안을 마련하지 않으면 애써 이뤄놓은 '한일 역전'이 공염불로 돌아갈 수 있습니다.

금리와 환율에서 비롯된
그리스의 위기

1997년 12월 한국은 IMF에 구제금융을 신청합니다. 해외 채권자들에게 이자와 원금으로 지급할 달러가 부족했기 때문이죠. 한국 정부는 IMF 구제금융만큼은 피하려고 했지만 마지막 보루였던 미국과 일본마저 외면하자 IMF행을 결정합니다.

이후 한국은 4년여의 강도 높은 기업 구조조정과 고금리 정책을 통해 부실 기업을 정리하고 부채의 상당 부분을 덜어냅니다. 정부, 기업, 국민이 힘을 합쳐 눈물겨운 노력을 한 결과 IMF 구제금융 국가 중 최단 기간 IMF 구제금융자금을 갚았고, IMF는 한국을 '모범국가'라고 칭송했습니다. 수많은 나라에 구제금융을 제공했지만 한국처럼 확실한 회복을 보인 나라가 드물었던 이유가 큽니다. 자원부국이지만 IMF 구제금융 단골인 남미 국가도 있고, 다른 나라들의 경제 회복 속도도 느린 편입니다. 2010년대 이후로는 그리스와 포르투갈 등 남유럽 국가들과 비교되기도 했는데, 이들 나라는 정부 빚이 너무 많아서 부도 위기에 처한 적도 있습니다.

4년 만에 IMF 구제금융을 졸업한 한국과 2010년대 이후 10년 넘게 구제금융을 계속 받아야 했던 남유럽 국가들은 어떤 차이가 있었을까요?

우선 남유럽 국가들의 경제 기반이 한국보다 취약하다는 점을 들 수 있습니다. 그리스가 세계 최대 해운국이라고 하지만 관광, 농업 등 비제조업 분야에 크게 의존하고 있습니다. 국가가 위기에 빠지고 외화가 필요해지면 해외에 무언가를 팔아야 하는데 그게 부족하다는 뜻입니다. 위기에 빠진 국가에 관광객이 몰려들 이유도 없고 농산물은 부가가치가 낮습니다. 단지 '그 나라에 강성 노조가 존재하고 연금 개혁이 부진했기 때문'으로 쉽게 단정하기 어려운 이유입니다.

그리스, 한때는 단일통화 덕을 봤다

그리스 등 남유럽 국가들은 중국, 일본, 러시아, 북한에 둘러싸인 한국의 부러움을 사기에 충분합니다. 유럽연합은 물론 경제 공동체인 유로존에 소속된 국가이기 때문이죠. 유로존 국가들의 소득 수준도 전 세계적으로 보면 높은 축에 속합니다. 유럽연합 기준 총 인구가 5억 명이라 유럽의 내수 시장 규모는 한국의 10배에 이릅니다. 즉 구매력 높은 인구가 많아 관광국가인 남유럽 국가들에는 유리한 조건입니다.

유로존을 주도하는 독일과 프랑스가 국제적으로 신용도가 높고 경제 규모도 비교적 탄탄하다는 사실은 남유럽 국가들에게는 또 다른 이점입니다. 그리스, 포르투갈 정도의 나라가 국채를 발행해 돈을 빌리려면 높은 금리를 부담해야 합니다. 국민 소득 규모와 신용도가 비교적 낮기 때문입니다. 하지만 든든한 뒷배인 독일과 프랑스가 있고, 이들 나라와 같은 통화인 유로를 사용하니 상대적으로 수월하게 돈을 빌릴 수 있습니다. 유로존 가입의 후광을 톡톡히 누린 것이죠.

실제로 그리스는 1999년 유로존 결성 후 2008년 글로벌 금융 위기 전까지 호시절을 보냅니다. 유로존 가입 전부터 외채 의존적인 경제였고 까딱하면 1990년대 한국처럼 위기에 빠질 수 있었지만, 2001년 유로존에 가입하며 숨통이 트였죠.

2004년 아테네 올림픽은 그리스 국민의 자부심을 높입니다. 그리스에 제2의 경제 전성기가 펼쳐지며 2006년 그리스의 성장률은 4.4%에 이릅니다. 그해 유로존 국가 중 최고의 성장률이었죠. 당시 달러 유동성도 풍부해서 해외 자금이 그리스로 몰려들었고, 그리스 내 관광지역의 부동산 가격이 크게 올랐습니다. 스페인과 이탈리아도 비슷한 특수를 누리며 관광객 증가로 부동산 가격이 오르고 자산 가격도 상승했습니다.

양날의 검이 된
단일 통화

밝은 면이 있으면 어두운 면도 있는 법입니다. 그리스가 호시절을 보냈다고 해도 경제 규모로 따지면 유로존 막내 격이죠. 그리스가 '잘나간다' 싶은 것도 독일과 프랑스 같은 형님들의 존재감 덕분입니다. 부잣집 근처에 산다는 이유로 큰 덕을 본 것이죠.

문제는 위기가 왔을 때입니다. 한국 경제가 부도 위기에서 빠르게 벗어날 수 있었던 가장 큰 요인으론 '뭐라도 팔 물건이 있다' '독자 통화가 있다' '금리 정책을 독자적으로 결정할 수 있다' 등을 꼽을 수 있습니다. 2010년대 이후 그리스와 비교했을 때 말입니다.

'뭐라도 팔 물건'이 있어야 해외에 수출해서 달러를 벌어올 수 있습니다. 한국에는 금 외에도 전자제품, 석유화학제품, 반도체 등 수출할 수 있는 제조업 공산품이 많았습니다. 한국 경제가 위기에 처하니 원화 가치가 떨어졌지만, 반면 한국 기업의 수출이 늘고 달러도 많이 들어왔죠. 그렇게 환율 하락으로 수입은 억제되고 수출은 늘어나면서 무역수지에서 흑자를 봤습니다. 독자 통화의 강력한 이점이라고 할 수 있습니다.

독자적인 금리 결정도 한국 경제에는 이점이었습니다. 경기 침체 국면이면 금리를 낮춰 경기를 부양할 수 있습니다. 또한 금리를 낮추면 상대적으로 원화 가치가 떨어지면서 수출 기업들은 이점을 얻죠. 한국 경제가 위기에서 빠르게 벗어날 수 있었던 비결입니다.

그러나 그리스는 달랐습니다. 유로화를 쓰기 때문에 기준금리와 통화정책은 전적으로 유럽중앙은행 몫이었습니다. 그리스 정부가 경기 부양을 위해 할 수 있는 일이라고는 확장 재정 정도였죠. 그렇게 민간 투자가 부진한 상태에서 정부의 지출 부담이 늘어나자 정부 빚이 다시 늘어나는 악순환이 이어졌습니다. 즉 그리스는 과도한 채무 국가가 될 수밖에 없는 운명이었죠.

독일의 정치사회학자인 클라우스 오페Claus Offe는 『덫에 걸린 유럽Europe Entrapped』에서 이러한 상황을 신랄하게 비판합니다. 그리고 미국의 서브프라임모기지 사태, EU 회원국들의 잘못된 경제 정책과 내부 모순이 유로존의 위기로 이어졌다고 진단했죠.

박탈된 자기결정권, 그리스 비극의 시작

이 같은 상황에서 미국의 금융 위기는 유로존 내 은행을 혼란에 빠뜨리며 유럽 내 실물 경기의 위기로 이어집니다. 유럽 경기가 급격히 위축되고 수요도 줄어들었죠. 대출 부실화가 진행되면서 그리스와 스페인 등 남유럽 국가의 경제도 걷잡을 수 없이 악화됩니다. 만약 각국 중앙은행이 자체적으로 금리를 낮출 수 있었다면, 2020년 코로나19 팬데믹 때 한국은행처럼 금리를 낮춰 기업과 가계의 빚 부담을 덜어줄 수 있었을 것입니다.

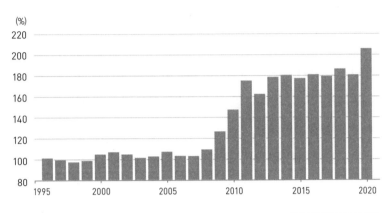

■ 그리스의 GDP 대비 정부 부채 비율

(%)

출처: 트레이딩 이코노믹스

▶ 2010년 이후 부채 비율이 150% 선을 넘었고, 2020년 200% 선을 넘었다.

나라가 어려워지면 그 나라 통화 가치도 하락해야 하는데, 경제 우등생 독일이 유로존 안에 있어 그마저 쉽지 않았습니다. 통화 가치가 하락하긴 했지만 하락 폭이 적어서 경제 회복의 메커니즘이 작동하기 어려웠던 것입니다. 결국 그리스는 구제금융 신청에 이릅니다.

이런 복잡한 구조가 얽혀 있다 보니 그리스 정부가 흑자재정까지 일궈냈지만 그리스 국민은 10년 넘게 허리띠를 졸라매도 나아지지 않았습니다. 그리스 내부에서 유로존 탈퇴라는 의견이 강하게 대두되었지만, 국가의 대외신인도가 하락할 수 있어 선택하기 어렵습니다. 즉 현재 그리스는 이러지도 저러지도 못하는 상태에 놓여 있습니다.

여전히 진행 중인
그리스의 비극

    미 연준의 기준금리 인상과 러시아-우크라이나 전쟁 등은 '엎친 데 덮친 격'으로 그리스 경제에 부담을 주고 있습니다. 2022년 12월 코트라KOTRA가 발표한 "에너지 대란·고물가에 따른 그리스 정부의 경기부양책 및 경제 현황"에 따르면 2023년 그리스 경제성장률은 1.0%에 머물 것으로 예상됩니다. 당초 예상치 3.1%에서 크게 하향된 것입니다. 실업률은 2022년 12.4%에서 2023년 13.2%로 높아질 것으로 보입니다.

    KDB미래전략연구소는 "유럽에서는 2011~2012년 남유럽 재정위기와 유사한 사태가 재현될 가능성이 있다"고 예상했습니다. 최근의 금리 상승으로 재정 구조가 취약한 남유럽 국가들의 부담이 클 것이라고 본 것입니다. 경제위기 상황 발생 시 그리스를 비롯한 남유럽 국가들이 유연한 대응을 하기 어려운 구조(단일통화, 통화정책권 일임)를 특히 약점으로 지적했습니다.[29]

주

1 심성보, "한국은행의 기준금리 결정요인 분석"(국내석사학위논문, 연세대학교 대학원, 2017).

2 한국은행 기준금리. www.bok.or.kr/portal/main/contents.do?menuNo=200656

3 유승호, "아직 멀었다?.. '테일러 준칙'으로 본 美 적정금리는 年 7%", 한국경제, 2022년 9월 12일. v.daum.net/v/20220912174003707?f=p

4 조지원, "20조짜리 한은 RP 매각 응찰에 400조 몰려…자금시장 '빈익빈 부익부' [조지원의 BOK리포트]", 서울경제, 2022년 11월 8일. www.sedaily.com/NewsView/26DJOAH3IQ

5 김형태, 박용서. "고수익채권(정크본드)에 관한 연구"(자본시장연구원 연구보고서, 1999), 3.

6 행복토끼, "쓰레기 같은 채권, 정크본드(JUNK BOND)", 사이다경제, 2018년 4월 18일. cidermics.com/contents/detail/1512

7 김유성, "[PB100 이데일리 서베이]①PB 100명 "현금성자산 늘려라"", 이데일리, 2020년 4월 10일. www.edaily.co.kr/news/read?newsId=01374326625734808&mediaCodeNo=257&gtrack=sok

8 김유성, "[PB의 한수]美금리인상 대비…선제적 대응 나선 자산가들", 이데일리, 2021년 8월 19일. www.edaily.co.kr/news/read?newsId=01226726629148960&mediaCodeNo=257

9 임주영, "미 연준, 금리 동결…인플레 속 2023년 금리 조기 인상 전망", 연합뉴스, 2021년 6월 17일. www.yna.co.kr/view/AKR20210617008052071

10 차현진, "[차현진의 노미스마] 美연준 평균물가목표방식은 낙제점", 연합인포맥스, 2020년 9월 9일. news.einfomax.co.kr/news/articleView.html?idxno=4106641

11 이윤주, "버냉키 "연준의 뒤늦은 물가 대응은 실수"…스태그플레이션 경고", 한국경제, 2022년 5월 17일. www.hankyung.com/society/article/202205170059Y

12 김학균, "[김학균의 쓰고 달콤한 경제] 인플레이션과 통화정책의 현 단계", 경향신문, 2022년 6월 17일. www.khan.co.kr/opinion/column/article/202206170300005

13 장용승, "美, 경기 하강세 뚜렷…G2 무역전쟁 장기화 '최대복병'", 매일경제, 2019년 1월 1일. www.mk.co.kr/news/special-edition/8635845

14 한민구, "재난지원금 덕분에 삼겹살값 17% 껑충, 목살은 20% ↑", 서울경제, 2020년 6월 23일. www.sedaily.com/NewsView/1Z44ZCFHHP

15 양영빈, "연준은 양적긴축을 어떻게 진행하고 있나", 이코노미21, 2022년 11월 11일. www.economy21.co.kr/news/articleView.html?idxno=1010329

16 장근혁, 백인석. "국내 인플레이션 결정요인 및 시사점"(자본시장연구원 연구보고서, 2022), 3.

17 장근혁, 백인석. "국내 인플레이션 결정요인 및 시사점"(자본시장연구원 연구보고서, 2022), 17.

18 조성원, "국채 CDS프리미엄의 결정요인 분석 및 시사점"(자본시장연구원 연구보고서, 2012).

19 유재필, 신현준. "FOMC 회의록과 채권지수를 이용한 미국 국채 금리의 정량적 예측 방안"(정보화연구, 2019), 16(4), 448.

20 CME그룹 웹사이트. www.cmegroup.com/ko/education/learn-about-trading/courses/learn-about-key-economic-events/understanding-the-fomc-report.html

21 우신욱, 장영재. "텍스트마이닝을 활용한 연준의 통화정책방향 의결문 분석"(Journal of The Korean Data Analysis Society, 2016), 18(1), 186.

22 김정훈, 이명훈. "금융통화위원회 및 FOMC에 의한 금리정책의 결정요인"(산업경제연구, 2014), 27(1), 42-43.

23 김유성, "[PB의 한수]신흥국채권·주식 팔고, 强달러 올라타라", 이데일리, 2021년 8월 19일. www3.edaily.co.kr/news/read?newsId=01223446629148960& mediaCodeNo=257

24 최정우, "코로나19 전후 한·미금리차와 환율 상관관계 실증분석"(국내석사학위논문, 부산대학교 대학원, 2021), 43.

25 김정규, "엔캐리 트레이드의 재개 가능성 점검"(BOK 해외경제 포커스, 2014), 26.

26 박준수, "차액결제 캐리트레이드 및 해외파생 헷징 합성전략에 관한 연구"(국내석사학위논문, 국민대학교 비즈니스IT전문대학원, 2020).

27 배병인, "브렉시트(Brexit)의 재구성: 유로존 위기, 금융통합, 그리고 긴축"(국제정치연구, 2020), 23(4), 141-166.

28 김예진, "[위기의 일본] 한국보다 더 낮은 1인당 GDP.. 경제도 휘청", 뉴시스, 2022년 8월 18일. www.newsis.com/view/?id=NISX20220817_0001981375

29 KDB미래전략연구소 미래전략개발부, "2023년 세계경제 전망", 2022년 12월

금리는 답을 알고 있다

초판 1쇄 발행 2023년 6월 15일

지은이 김유성
브랜드 경이로움
출판 총괄 안대현
책임편집 김효주
편집 정은솔, 이제호
마케팅 김윤성
표지·본문디자인 유어텍스트

발행인 김의현
발행처 (주)사이다경제
출판등록 제2021-000224호(2021년 7월 8일)
주소 서울특별시 강남구 테헤란로33길 13-3, 2층(역삼동)
홈페이지 cidermics.com
이메일 gyeongiloumbooks@gmail.com(출간 문의)
전화 02-2088-1804   팩스 02-2088-5813
종이 다올페이퍼   인쇄 재영피앤비
ISBN 979-11-92445-36-6 (03320)